고대 근동 법전과 구약성경의 법

고대 근동 법전과 구약성경의 법

2008년 9월 18일 교회인가

2008년 10월 6일 초판 1쇄 펴냄

역주자: 채홍식

펴낸이: 조병우

펴낸곳: 한님성서연구소

등록: 제85호

주소: 480-844 경기도 의정부시 의정부 1동 227-23

전화: 031)846-3467 팩스: 031)846-3595

http://www.biblicum.or.kr

값: 12,000원

ISBN: 978-89-957309-4-2 93230

고대 근동 법전과 구약성경의 법

채홍식 역주

한님성서연구소
Hannim Biblical Institute

'고대 근동 법전과 구약성경의 법' 을 펴내며

고대 근동 법전은 그 유명세에 비해 학문적 성과가 미미한 편이다. 더욱이 전체를 우리말로 옮긴 번역본조차 없어 내용 전체를 소개하는 것이 다른 무엇보다도 급선무다. 고대 근동 법전에 대한 관심은 필자의 박사학위논문에서 비롯되었다. 독일 마르부르크Marburg대학교에서 '계약법전과 예언자의 사회비판' 이란 주제를 연구하면서, 논문의 전반부에서 '계약법전' (탈출 20,22-23,33)과 고대 근동 법전의 유사성을 다루었다. 특히 법전의 형성사에 미친 고대 근동 법전의 연관성을 확인한 것이 오늘 이 책을 출판하게 한 출발점이라 할 수 있다. 본문을 번역하면서 중간 중간 원문이 훼손되어 생략을 하기도 했지만 최대한 본문 그대로 옮기려 했으며, 쉽게 이해할 수 있도록 약간 의역했다.

이 책은 지난 2004년 9월부터 2006년 12월까지 한님성서연구소의 격월간지 『말씀터』에 연재한 내용을 수정 · 보완한 것이다. 『말씀터』에서는 주로 법조항 해석에 그쳤으나, 여기서는 법조항과 구약성경의 법을 비교하여 두 법전 사이의 관련성을 각주에 보충하였다. 한편 성경의 네 법전 모음집을 소개하고 고대 근동의 역사를 덧붙였다. 법전 번역은 독일어 번역판인 *TUAT*을 중심으로 했지만 *ANET* 등 다른 여러 번역본도 고루 참조하였다.

먼저 1장에서는 고대 근동 법전의 서술 목적과 구약성경의 네 가지 법전을 간단히 소개하고[1] 기원전 2500-587년의 비옥한 초승달 지역인 메소포타미아의 역사를 요약하여 제시했다.

2장에서는 고대 근동 법전의 전체 조항을 소개하되 구약성경과 연관된 법조항은 각주에 비교할 수 있게 하였다. 우르-남무 법전과 리피트-이쉬타르 법전은 수메르어로, 에쉬눈나 법전과 함무라비 법전, 중기 아시리아 법전, 신바빌로니아 법전 등은 아카드어로 기록되어 있다. 그래서 우르-남무 법전과 리피트-이쉬타르 법전, 에쉬눈나 법전과 함무라비 법전, 중기 아시리아 법전, 신바빌로니아 법전, 끝으로 히타이트 법전 순으로 구성하였다. 이 법전들은 서로 긴밀하게 연관되어 있다.

보수적인 학자들은 성경의 법에서 고대 근동의 법전이 유추되었다고 하지만, 본문을 잘 읽어보면 오히려 고대 근동 법전에서 성경의 법이 유추되었고 때로는 그대로 받아들인 것도 있음을 알 수 있다. 1900년대 초 많은 고대 근동 자료들이 발굴되었을 때, 고대 근동 학자들 사이에 성경 무용론이 대두되었다. 이는 일차 자료를 발굴했으니 성경의 내용은 무가치하다는 것이었다. 이에 성서학자들은 성경의 중요성과 고대 근동 자료들과의 차별성을 내세워 이른바 바벨-비벨Babel-Bibel 논쟁을[2] 벌인 바 있다. 고대 근동 법전을 번역하는 것이 전자의 학자들 의견에 동조해서는 아니고, 다만 성경의 법이 어떻게 당시 상황에 적용되어 변형과정을 겪었는지를 서술하고자 했을 뿐이다.

함무라비 법전 서언은 법전을 공포하는 목적을 다음과 같이 서술한다.

---

1) 구약성경 법전에 관한 자세한 내용은 필자의 졸저인 『구약성경의 윤리』를 참조하기 바란다.

2) 바벨은 바빌론의 약칭으로 이 논쟁에서는 고대 메소포타미아 지역에서 발굴된 여러 자료를 가리킨다. 비벨은 독일어로 성경이란 뜻으로 영어 바이블Bible에 해당한다.

정의를 이 땅에 실현하고
극악무도한 이와 악인을 멸절하여
이로 인해서 강자가 약자의 권리를
빼앗지 못하게 하려는 것이다.

법전은 정의 구현에 그 초점을 두고 공동체 구성원 간의 문제를 공정하게 해결하려는 의지를 다졌다. 이것은 오늘날 '자유, 평등, 정의' 를 갈망하는 우리에게도 중요한 가르침이다.

이러한 고대 근동의 가르침을 책으로 묶을 수 있도록 배려해 주신 한님성서연구소 정태현 소장 신부님과 조병우 이사장님께 깊은 감사를 드린다. 그동안 연재를 위해 꼼꼼히 글을 다듬어 주고 마지막 교정과 편집을 위해서도 수고를 아끼지 않은 한님성서연구소의 여러 연구원들에게도 감사를 드린다. 또한 묵묵히 내조하며 격려해 준 사랑하는 아내 이충숙에게 이 책을 헌정한다.

끝으로 독자들이 고대 근동 법전을 올바로 이해하는 데 그치지 않고, 저마다 공동체에서 벌어지는 문제들을 합리적이고 공정하게 풀어나가는 데 도움이 된다면 더 바랄 것이 없겠다. 또한 구약성경의 법이 고대 근동의 한 법전으로 자리매김하면서 하느님 백성의 율법으로 성장해 감을 이해하는 데에도 작은 보탬이 되기를 바란다.

2008년 8월
채 홍 식

차 례

고대 근동
법전과
구약성경의
법

I. 고대 근동 법전과 구약성경의 법

1. 고대 근동 법전

기원전 3000년경 수메르 지역에서 문명이 시작되고 그때 형성된 왕조가 그 지역을 통일하였다. 통일 왕국 임금이 법규를 만들어 공포한 것이 법전의 시작이 되었다. 이 법전은 오늘날의 법전과 비교할 수는 없지만 나름대로 판례를 통해서 정한 공동체의 규칙이다. 법전의 서언에서는 대개 '정의'를 구현하기 위해 법전이 만들어졌음을 밝힌다.

> 나는 고아가 부자에게 넘어가지 않도록 하고 과부가 권력을 가진 이에게 넘어가지 않도록 했으며, 1세켈 가진 사람이 1미나 가진 사람에게 넘어가지 않도록 했다. 그리고 양 한 마리 가진 사람이 황소 한 마리 가진 사람에게 넘어가지 않도록 했다. 나는 나의 장수들, 나의 어머니, 나의 형제들과 자매들, 그들의 지인들과 충성하는 자들을 정착시켰다. 그러나 나는 그들 마음대로 사람들을 강제노동 시키지는 못하게 했다. 나는 증오와 폭력, 우투에게 하는 저주를 사라지게 하여 수메르 땅에 정의를 확립하였다.[1]

1) 우르-남무 법전 서언.

> 신들을 경외하는 나 함무라비가 정의를 이 땅에 세워 악한 자들과 사악한 자들을 없애고 약자들이 강자에게서 상해를 입지 않도록 … 나는 정의와 공정을 이 땅에 선포하였으니, 그것은 이 땅의 백성들을 편안하게 하려는 것이다.[2)]

곧 약자가 강자에게 피해 보는 일 없이 사건을 판결해야 하는데, 이에 따른 전적인 책임은 신의 위임을 받은 임금에게 있다. 현존하는 고대 근동 법전에는 수메르어로 기록한 우르-남무 법전과 리피트-이쉬타르 법전이 있으며, 아카드어 법전은 에쉬눈나 법전과 함무라비 법전, 중기 아시리아 법전 그리고 신바빌로니아 법전이 있다. 이 밖에도 히타이트 법전이 있다.

우르의 임금 남무(기원전 2112-2095년)는 우르 제3왕조를 창시하고는 법전을 편찬하여 경제를 안정시키고 사회 질서를 확립하여 백성을 보호하려 애썼다. 우르-남무 법전은 인류 최초의 법전으로서 서언과 법조항 32개가 남아 있다. 이 시대에는 많은 학교가 세워지고 문화가 발전하였다.

리피트-이쉬타르 법전은 법률 제정자로 수메르 이신Isin의 제1왕조 임금 리피트-이쉬타르Lipit-Ischtar를 언급한다(기원전 1934-1924년). 오늘날에는 법 규정의 약 1/5 정도인 38개 조항과 서언과 결언이 보존되어 있다. 이 법전 서언에서는 아누 신이 리피트-이쉬타르를 이신의 통치자로 세워 수메르인과 아카드인으로 구성된 사회에 정의와 복지를 이루도록 했다고 설명한다.

에쉬눈나 법전은 매우 상세하여 임금 지불이나 신체 상해에 따른 보상 문제들을 해결하려는 노력이 엿보인다. 에쉬눈나 법전은 60개 조항만 보존되어 있고 서언과 결언이 거의 훼손되어 결언은 남아 있지도 않다.

---

2) 함무라비 법전 서언.

함무라비 법전은 서언과 결언 그리고 282개 조항의 법률로 이루어져 있다. 함무라비 법전은 그 길이가 2.25m나 되는 섬록암 기둥으로, 현재 파리의 루브르 박물관에 그 원형이 소장되어 있다. 법전이 새겨진 섬록암의 윗부분에는 그림이 새겨져 있는데, 이는 태양신 샤마쉬Schamasch가 함무라비에게 법을 수여하는 장면을 표현한 것이다.

중기 아시리아 법전은 아시리아의 티글랏 필에세르Tiglat-pileser 1세(기원전 1114-1076년) 때에 만들어진 것으로 보인다. 티글랏 필에세르 1세는 니네베에 왕궁을 새로 세우고, 아누-아닷Anu-Adad 신전과 도서관을 지었다. 그의 법전은 기원전 12세기 초 서기관들이 필사하여 59개 조항으로 이루어져 있다.

함무라비 후예들이 약해진 틈을 타서 바빌로니아를 침략한 카시트족들Kassiten은 함무라비 제국 위에 자신들의 왕조 '카시트-바빌로니아'를 세웠다.[3] 이들에게는 고유한 언어가 없어 아카드어를 그대로 썼고 아카드 문학이 발전하였다. 이 시기의 법전인 신바빌로니아 법전은 신바빌로니아 시기(기원전 626-539년)뿐 아니라, 이미 아시리아의 바빌로니아 지배 시기부터 사용한 듯하다. 이 법전 편찬은 사르곤Sargon 2세(기원전 722-705년) 때 시작하여 아쑤르바니팔(기원전 668-627년) 때 마무리한 것으로 보인다. 아쑤르바니팔은 도서관을 세워 고대 근동 문학 작품들을 수집하고 보존했다. 이때에 신바빌로니아 법전이 필사된 것 같다. 신바빌로니아 법전에는 중기 아시리아 법전과 그 이전의 법령에 관한 정보가 들어 있다. 법전 맨 끝에는 아쑤르바니팔이란 이름과 바빌로니아 지역 이름이 소개된다. 현재 15개 조항만 남아 있다.

히타이트 왕국의 시대는 고왕국(기원전 1840-1450년), 중왕국(기원전 1450-1400년), 신왕국(기원전 1400-1200년)으로 나눈다. 이 가운데 히타이트 법전이 형성된 시기는 고왕국(기원전 1600년경) 쯤으로 보인다. 히타이트는 살인, 혼인,

3) 기원전 1550-1155년경에 존재했던 왕조로 볼 수 있다.

절도 등 200여 가지 문제를 규정한 법전을 토대로 사회 질서를 유지하였다. 이 법전은 상황 변화에 따라 개정한 흔적이 엿보이며 그 지역의 관습과도 조화를 잘 이룬 듯하다.

2. 구약성경의 법

구약성경에서 법 모음집은 네 군데에 있다. 첫째, 탈출 20,1-17의 십계명이다. 십계명은 탈출기뿐만 아니라 신명 5장에도 등장하는데, 내용은 대부분 같지만 셋째 계명을 뒷받침하는 근거가 서로 다르다. 학자들은 이 십계명을 '윤리 십계명'이라 부른다. 탈출 34,10-28에 다시 나오는 십계명은 아론의 금송아지 사건에 이어 등장한다(탈출 32—34장). 34장의 십계명은 앞에서 언급한 '윤리 십계명'과는 그 내용이 사뭇 다르다. 학자들은 이 계명을 '예식 십계명'(또는 '예식 십이계명')이라 부른다.[4)]

둘째, 탈출 20,22—23,33에 있는 이른바 '계약법전'이다.[5)] 이 '계약법전'은 고대 근동 법전과 매우 유사한 내용을 담고 있고, 사회법과 종교법으로 구성되어 있다. 특히 탈출 21,12—22,16은 고대 근동 법전과 유사하다. 내용은 대체로 공동체에서 벌어지는 문제들에 대한 판결이며, 서술 양식은 3인칭 단수로 시작하는 '판례법'이다. 한편 탈출 20,23-26; 21,1-11; 22,16—23,19은 종교법과 사회법으로, 서술 양식은 2인칭 단수로 시작하는 절대법과 판례법의 형태를 띤다.

셋째, 레위 17—26장에 기록된 '성결법전'이다.[6)] 1877년 클로스터만

4) 채홍식, 『구약성경의 윤리』, 15-39 참조.
5) 채홍식, 『구약성경의 윤리』, 40-89 참조.
6) 채홍식, 『구약성경의 윤리』, 90-114 참조.

이[7] 레위 19—22장에서 "나, 주 너희 하느님이 거룩하니 너희도 거룩한 사람이 되어야 한다"는 구절이 되풀이되는 것을 근거로 레위 17—26장을 '성결법전' Das Heiligkeitsgesetz이라 이름 붙였다. 17장은 제물 도살과 그 피의 처리에 대해 서술하며 피를 강조한다. 이는 창세 9,4에 서술된 내용으로 사제계 문헌에 속한다. 19장은 "네 이웃을 너 자신처럼 사랑해야 한다"(19,18)는 대주제를 담고 있고 그에 앞서 공동체 생활에서 이웃을 배려하는 여러 가지 일들을 서술하고 있다. 20장은 자식을 몰록에게 바치는 일과 영매나 점쟁이를 쫓는 일을, 특히 10절부터는 간통에 대해 다루는데, 이는 11장의 정결법과 18장과도 연관된다. 동시에 20장은 21—22장의 도입부로서 하느님 백성의 정결과 거룩함을 요구하는 제의 규정을 담고 있다. 21장은 사제직의 성스러움을, 22장은 제물의 성스러움을 다룬다. 23—25장은 '거룩한 시간' 이라는 주제 아래 정의(공의)를 요약하고 안식년과 희년으로 끝맺는다. 26장은 계명들을 요약하면서 그것의 복종과 불복종에 따른 축복과 저주로 마무리한다.

끝으로, 신명 12—26장에 기록된 '신명기 법전' 이다.[8] 기원전 622년 성전을 수리하다가 율법서 한 권을 발견한 요시야는 이 율법서에 근거하여 종교 개혁을 단행한다.[9] 드 베테가[10] 이 책을 '신명기 법전' 과 동일시

---

7) A. Klostermann, "Beiträge zur Entstehungsgeschichte des Pentateuch", *ZLThK* 38 (1877), 401–445(= *Der Pentateuch I* 〈1893〉, 368–418); 참조: O. Eissfeldt, *Einleitung in das Alten Testament* (Tübingen, 41964); O. Kaiser, *Grundriß der Einleitung in die kanonischen und deuterokanonischen Schriften des Alten Testaments 1: Die erzählende Werke* (Gütersloh, 1992), 82.

8) 채홍식, 『구약성경의 윤리』, 115–143 참조.

9) 2열왕 22—23장.

10) W.M.L. de Wette, *Dissertatio critica, qua a prioribus Deuteronomium Pentateuchi libris diversum, alius cuiusdam recentioris auctoris oppus esse monstratur* (Jena, 1805).

하면서부터 지금까지 학자들 대다수가 이를 인정하고 받아들인다.[11] 신명기 법은 제의법(12,16—16,17), 행정법(16,18—18,22), 사회법(19,1—25,19) 그리고 의식거행과 신앙고백(26장)으로 구성되어 있다.[12]

신명기는 유배 때 주요 작업이 이루어져 기원전 6세기에 서술된 신명기계 역사서DtrG와도 연결된다. 신명기는 기원전 722년부터 539년까지를 형성시기로 추정할 수 있다. 신명기 법전이 요시야 시대에 종교 개혁의 근거가 되었음은 미루어 짐작할 수 있다.

구약 시대 재판은 성문 앞에서 벌어지는데, 재판장은 마을의 존경받는 원로가 맡았다. 또한 이른바 '차악'(부르짖다)법이라는 게 있어서,[13] 도성에서 불공정한 일을 당하고도 아무 도움을 받을 수 없는 이가 '성문 앞'에서 '차악'을 할 경우, 마을의 원로가 나서서 이 사건의 시비를 가린다. '차악'은 사람과 사람 사이뿐 아니라 이스라엘과 하느님 사이의 관계에서도 잘 나타난다. 이는 이스라엘이 이집트 노예생활에서 큰 고통을 받고 있을 때에 하느님께 부르짖었더니(탈출 2,23) 하느님께서는 모세를 부르시는데, 바로 이 장면에서도 확인할 수 있다. 이처럼 구약 시대에도 현대의 법체계와는 다르지만 '공정과 정의'를 중요시하였음을 알 수 있다.

11) 뷔르트바인은 이와 반대로 이 보도를 신명기계 역사가의 투사로 해석한다.

12) 카이저는 12,1—16,7을 야훼에 대한 종교법과 사회법으로, 16,18—18,22을 행정법 또는 국법의 초고로, 그리고 19,1—26,15을 여러 법의 모음으로 보고 있다. O. Kaiser, *Einleitung in das Alte Testament* (Gütersloh, ⁵1984), 134 이하; O. Kaiser, *Grundriß der Einleitung*, 91.

13) H.J. Boecker, *Recht und Gesetz im Alten Testament und im Alten Orient* (Neukirchen-Vluyn, ²1984), 40-43.

3. 간추린 고대 근동 역사

3.1. 우르 제국(기원전 25–21세기)

수메르 문화는 우르 제1왕조(기원전 2500?–2360년)를 중심으로 메소포타미아 서북쪽으로 아카드, 아시리아로 넓혀간다. 수메르 사회는 상업과 교역도 활발하게 전개하였다. 한편 카시에서 발흥한 사르곤Sargon(기원전 2340–2284년)이 수메르를 공격해 점령하고는 아카드에 수도를 두고 아카드 제국을 세웠다. 그리고 온 메소포타미아, 곧 시리아 지역(마리Mari, 에블라Ebla, 레바논Libanon)과, 북쪽과 동쪽 지역을 지배하였다. 하지만 거센 공격으로 아카드는 오히려 그 지역을 방어해야 했다. 수메르의 많은 도시들은 서쪽의 위협에 직면했고, 우룩Uruk의 임금이 남쪽에서 봉기를 주도하였다. 북쪽은 키쉬Kisch를 중심으로 연합군을 형성하여 기원전 2200년경 아카드 제국을 멸망시켰다.

아카드 왕조가 멸망하자, 이 지역에 혼란이 일어났다. 자그로스 산맥에 거주하던 구티족Gutäer이 메소포타미아 지역을 100년 가까이 휩쓸었기 때문이다. 이 시기에 수메르인들이 다시 일어나 우르 제3왕조를 세운다. 우르 제3왕조의 남무Nammu(우르–남무 기원전 2112–2095년)가 다스리던 때 전성기를 맞이하여 수메르의 문화가 부흥하였다. **우르–남무 법전**이 편찬된 시기도 이때다.

우르의 남무는 법체계를 세우고 달력과 도량형도 통일하였다. 기르수Girsu에서 재판 결과에 관한 자료 100여 개가 발굴되었는데 이로써 당시의 재판 상황을 알 수 있다. 이는 기원전 2000년경 법제도에 대해 말해주는 귀중한 자료다. 우르–남무는 여러 도시에 큰 성전을 지었고 지구라트를 건설했다. 이러한 건축물 못지않게 '우르–남무 법전' 도 인류 역사상 가장 오래된 법전이다. 이 법전은 임금이란 자신의 백성을 최선을 다해 평안히 살게 해 주는 지배자로서, 태양신에게 위임받은 이라고 서술하고 있다. 곧 임금은 '그 땅에 정의를 펼치는 이'다. 압제받는 이를 세금과 조공에서 자유롭게 하고 고아나 과부를 돌보는 이다. 법전은 판례를 들어 서술하는데, 판례들 일부는 삶의 경험에서, 일부는 전승에서 나온 것이며 새롭게 제정한 부분도 있다. 판례의 내용들은 혼인, 신체 상해, 거짓증언 등에 관한 것들이다.

약 100년 이상 새로운 왕조를 지속하면서(기원전 2112-2002년), 중앙집권 정치는 그 나름의 성과를 거두었다. 도시 밖에는 창고를 두고 수로를 설치하였으며, 때맞춰 양모산업과 금속공업 등이 생겨났다. 우르-남무는 아마도 구티족을 정벌하던 중(기원전 2095년) 갑자기 죽은 것 같다. 우르는 엘람족에게 망했는데, 우르의 멸망을 노래한 '애가'가 유명하다.[14] 이 상황에서 아모리족이 세력을 뻗치기 시작한다.

기원전 2000년대의 주요 도시는 에리두Eridu, 우르Ur, 밧-티비라Bad-Tibira, 우룩Uruk, 라르사Larsa, 라가쉬Lagasch, 움마Umma, 슈루팍Schruppak, 아답Adab, 니푸르Nippur, 이신Isin, 아크샥Akschak, 시파르Sippar, 키쉬Kisch, 에쉬눈나Eschnunna, 그리고 마리Mari 등이다.

3.2. 이신 제국과 에쉬눈나(기원전 21-18세기)

기원전 2000년경 메소포타미아 역사에 등장하는 민족은 후리족과 아모리족 그리고 유목민이다. 후리족은 기원전 23세기에 출현하여 기원전 2000년경 남쪽으로 이동하였다. 그들은 북동쪽 카우카수스 지역에서 온 것으로 보인다. '아모리족'이란 말은 처음에는 민족의 한 개인, 곧 '사람'을 나타내는 말이었으나, 나중에는 '집단'을 가리키는 말로 바뀌었다. 이들은 에쉬눈나, 라르사, 우룩, 마리 등의 도시를 건설하였다. 아모리족은 기원전 2000년경 메소포타미아뿐 아니라 시리아에서도 꽤 위협

14) *RTAT*, 140-142 참조.

적인 무리로서 메소포타미아의 안정을 좌지우지하였다. 이들은 고대 바빌로니아와 고대 아시리아를 세워 수메르와 아카드 문화에 기반을 두고 법률과 제도를 발전시켰다. 고대 바빌로니아는 '길가메쉬 서사시'가 탄생한 나라이기도 하다.

기원전 2000년경 이쉬비이라Ischbierra 임금 치하의 이신 제국은 우르 제국을 이어받은 적법한 도시국가였다. 그는 우르의 모든 제도를 그대로 이어받았다. 모든 제의와 행사들을 그대로 시행했다. 이신 제국은 잇딘다간Iddindagan(기원전 1960년), 이쉬메다간Ischmedagan(기원전 1940년), 리피트-이쉬타르Lipit-Ischtar(기원전 1934-1924년) 등 기원전 20세기 말까지 지탱하였다. 특히 리피트-이쉬타르 임금은 **리피트-이쉬타르 법전**을 선포하였다. 경쟁국 라르사가 군가눔스Gunganums(기원전 1932-1906년) 때에 이신을 위협하여 기원전 1900년경에 이신은 라르사의 아비사레Abisare에게 패하여 멸망한다.

북쪽에서는 에쉬눈나가 기원전 2020년경에 독립하여 기원전 19세기 말까지 약 200여 년간 임금이 있는 나라로 존속하였다. **에쉬눈나 법전**은 아마도 다두사Daduscha(기원전 1815-1780년) 시기에 편찬된 것으로 보인다. 아카드어로 기록된 이 법전은 60개 법조항들을 서술하고 있다.

3.3. 고대 바빌로니아 제국(기원전 19-16세기)

기원전 1800년경 여러 도시국가가 있던 메소포타미아 지역에 새로운 제국이 탄생한다. 도시국가 바빌론의 함무라비가 라르사(기원전 1763년)를 비롯해 남부 메소포타미아 지역은 물론 시리아 지역까지 정복하여 바빌로니아 제국으로 성장시켰다. 에쉬눈나(기원전 1761년)와 마리(기원전 1761년)를 정복한 그는, 법전을 제정하고(기원전 1755년경) 온갖 제도를 정비하여 이 지역의 문화를 통일한다. 그가 죽은 뒤 바빌로니아는 쇠약해졌지만 그가 남긴 법전과 제도는 나중에도 계속 두루 영향을 미친다.

함무라비 법전은 함무라비 재위 39년에 선포되었을 것이다. 서언과 결언 그리고 282개 조항으로 이루어진 법전은, 함무라비가 가장 적법하고 합당한 임금이며 태양신에게서 백성의 통치를 위임받았다고 서술한다. 법전은 함무라비가 '이 땅에 정의를' 펼치고 '공정한 판결'을 하는 이, 특히 약자를 위해 애쓰는 임금이라고 묘사한다. 모든 제의는 제국의 중심인 '바빌론' 방식으로 진행하였다. 처음에는 별 볼일 없던 이 도시의 신 마르둑Marduk이 이제 국가 신으로 등극한다.

함무라비 사후 대제국은 쇠약해졌다. 안으로는 많은 내분에, 밖으로는 주변국가의 압력에 시달렸다. 삼수일루나Samsuiluna(기원전 1750–1712년) 제8년에 남쪽에서 봉기가 일어나 스스로 림신Rimsin이라 일컫는 이가 2년 동안 남쪽을 지배하였다. 북쪽에서는 에쉬눈나가 들고 일어났다. 삼수일루나가 남쪽을 정벌하는 데 실패하자 남쪽은 이제 '해양민족의 제국'이 되었다. 기원전 15세기 말까지는 바빌로니아의 임금들이 이 지역을 다스렸다. 그 뒤에는 카시트족이 이 지역을 점령하여 '카시트-바빌로니아'라 부르기도 한다. 이 시기에 많은 고전들이 필사되었는데, '함무라비 법전'과 '아트라-하시스' Atra-Hasis가[15] 이에 해당한다. 창조 이야기와 홍수 이야기를 담은 아트라-하시스는 바빌로니아 임금 암미사두카스Ammisaduqas(기원전 1647–1625년) 때 편찬된 것으로 보인다.

3.4. 히타이트 제국(기원전 17–12세기)

히타이트 제국 건설은 하투실리Hattusili 1세와 관련 있다. 그는 아나톨리아의 중심부를 정복하고 하투샤Hattuscha를 수도로 정했는데 이것은 그의 이름을 기념하는 것이다. 하투실리 1세의 후계자 무르실리Mursili 1세(기원전 1620–1590년)는 아나톨리아를 넘어서 길리기아를 지배하고 북시리아 지역을 위협하였다. 후리족과 여러 번 전투하여 무르실리 1세는 북시리

15) *RTAT*, 115–118; *ANET*, 104–106; 안성림 · 조철수, 『사람이 없었다 신도 없었다』, 149–183; J. 예레미아스, 『하나님의 후회』, 23–32 참조.

아 대부분 지역, 곧 알라라크Alalach, 에발Ebal, 카르크미스Karkemisch, 하쉬슘Haschschum, 우르슘Urschum, 하크쿰Hachchum, 알레포Allepo의 얌카드Jamchad 등을 점령했다. 나중에는 유프라테스를 따라 바빌로니아까지 점령한다. 히타이트는 살인, 혼인, 절도 등 200가지 문제를 다루는 법전을 원칙으로 삼아 사회를 유지해 나갔다. **히타이트 법전**은 복수에는 반대하지만 대신 배상은 하도록 했다. 그러나 강간이나 동물과의 성교 등은 중벌로 다스렸다. 법전의 형성 시기는 고왕국(기원전 1600년경) 쯤으로 추측한다.

히타이트의 텔레핀Telepinn 이후 제국은 북쪽으로는 카슈케어Kaschkäer 지파가, 남쪽으로는 미탄니 제국이 확장해 오는 바람에 어려운 시기를 보냈으나, 기원전 15세기 말 투드할리야Tudhalija 1세(기원전 1425–1410년) 때에 세력을 확장하여 동쪽으로는 유프라테스 상류 지역까지, 서쪽으로는 더 넓은 곳까지 진출하였다. 그는 미탄니와 손을 잡기도 하였다. 그러나 제국의 중흥은 오래 가지 않았다. 흐르누반다Hrnuwanda 1세(기원전 1400–1380년) 때에 여러 지역에서 봉기가 일어나 적들이 제국을 위협하고 수도 하투샤가 불탔다. 이 위기는 수필루리우마스Suppiluliumas 1세(기원전 1350–1324년) 때 일어났는데, 투드할리야Tudhalija 4세(기원전 1239–1209년)가 죽자 왕권다툼을 하여 서로 죽이게 된다. 히타이트의 중요 서약인 '형제맹세'를 위반했으니 그 결과는 내분으로 번졌고, 급기야 내부 사람 누군가가 왕궁에 불을 지르는 지경에까지 이른다. 그 뒤로 히타이트는 역사에서 사라졌다.

3.5. 후리족과 미탄니 제국(기원전 16–13세기)

메소포타미아, 북시리아 국경지역, 아나톨리아 국경지역에서 후리족이 기원전 16세기부터 세력을 확장하기 시작하였다. 히타이트의 무르실리 1세가 죽은 뒤에 후리족은 아나톨리아 쪽으로 뻗어가, 먼저 키주바트나Kizzuwatna와 이수바Isuwa 지역을 차지하였다. 기원전 1500년부터는 북쪽 메소포타미아에 있는 도시들을 차지하여 미탄니 왕국을 세운다. 이 나라의 첫 임금은 키르타Kirta의 아들 슈타르나Schuttarna(기원전 1500년경)로 보인다. 사우쉬타타르Sauschtatar(기원전 1430년경)는 아쑤르 등 여러 도시들을 정복하고 시리아 지역에서 최고 지배자로 인정받았다. 후리족이 세운 나라는 여러 이름으로 불렸는데, 임금에게는 '미탄니의 임금'이라는 칭호를 붙였고, 시리아와 보가즈코이Boğazköy에서는 '후리족' 또는 '후리 군대'라 불렸다. 후리족은 기원전 13세기에 와서 히타이트에 조공을 바치는 신세로 전락하고 만다.

한편 기원전 1500년경에 카시트-바빌로니아 왕조(기원전 1530-1155년)가 부를 쌓으면서 근동 일대에 새로운 세력으로 등장한다. 이때 미탄니의 파라타르나Parattarna(기원전 1470년경) 임금은 지중해까지 영토를 확장하였고, 카시트-바빌로니아 왕조는 이집트와 교류하였다. 이 사실은 아마르나 문서를 통해서 알 수 있다. 기원전 1430년경 미탄니의 샤우쉬타타르 임금 때에는 아쑤르, 누지, 알레포를 점령하고 기원전 1409년경에는 아시리아를 병합하였다.

기원전 1350년경 아시리아의 아쑤르우발릿Assuruballiṭ 1세(기원전 1353-1330년)는 미탄니 제국이 멸망하자 이를 틈타 독립하고 아시리아의 부흥을 시도한다. 그의 사후에 아시리아는 히타이트, 바빌로니아, 이집트와 함께 강대국 반열에 든다. 기원전 1200년경은 고대 근동 일대가 혼란했던 시기로 히타이트가 사라지고, 이집트는 해양민족의 공격을 받아 어지러운 제3중간기(기원전 1080-945년)를 맞는다. 아시리아, 바빌로니아도 일시적 혼란기에 접어든다.

기원전 1200년경 해양민족 때문에 우가릿이 망한다. 이집트의 지배력이 약화되자, 가나안은 이집트에서 독립하여 도시국가를 형성하고 이스라엘, 암몬, 모압, 에돔 등이 가나안 일대에 정착하고 필리스티아가 등장한다. 아람족이 북부 시리아와 북부 메소포타미아에 등장한다.

3.6. 카시트-바빌로니아(기원전 15-12세기)

카시트-바빌로니아에서 부르나부리아쉬Burnaburiasch 2세(기원전 1350-1323년)의 뒤를 이을 아들이 살해되었다. 이때 아시리아의 아쑤르우발릿 1세(기원전 1350-1323년)는 이를 기회 삼아 주변 국가를 공격하였다. 먼저 왕위찬탈자 누지부가쉬Nuzibugasch를 폐위하고 부르나부리아쉬 2세의 다른 아들이며 자신의 손자이기도 한 쿠리갈주Kurigalzu 2세(기원전 1322-1298년)를 임금으로 세웠다. 그러나 쿠리갈주는 카시트-바빌로니아 임금 가운데 가장 잘 알려진 이로서 반半아시리아 혈족임에도 아시리아와 맞섰고, 오히려 엘람을 정복하여 군사강국을 이룩했다. 그러나 아닷니라리Adadnirari 1세(기원전 1295-1263년)가 등극하면서 카시트-바빌로니아는 세력이 약해져 아시리아에 다시 패권을 빼앗겼다. 미탄니도 아시리아에 조공을 바쳤고 아시리아 군대는 카르크미스 근처 유프라테스까지 진군하였다. 이 일로 히타이트까지 동요하였다. 아닷니라리 1세는 바빌로니아의 키르쿠크Kirkuk와 누지마루타쉬Nuzimaruttasch에서 승리를 거두었다(기원전 1290년경). 바빌로니아는 아시리아뿐 아니라 엘람에게도 위협을 받았다. 엘람이 수사를 점령하고 엘람 임금 운타쉬나피리샤Untaschnapirischa(기원전 1250년)가 에쉬눈나까지 위협하였다. 새로 왕위에 오른 아시리아의 살만에세르Salmanassar 1세(기원전 1263-1233년)는 '수바루Subarû, 룰루부Lullubu, 쿠투Qutû 땅을 정복한 이'로 불렸다. 그는 미탄니의 수도 타이데도 점령하였고 히타이트 군사들을 포로로 잡아 유배시켰다.

기원전 1200년경 아시리아와 카시트-바빌로니아 사이에 전쟁이 일어났는데 아시리아의 투쿨티니누르타Tukultininurta 1세(기원전 1233-1197년)가 바빌로니아의 카쉬틸리아쉬Kaschtiliasch 4세(기원전 1220년경)를 누르고 대승을 거두었다. 그는 카쉬틸리아쉬를 포로로 삼고 도시의 성곽을 부수고는 카르-투쿨티니누르타Kar-Tukultininurta를 새 수도로 정하였다. 그러나 아시리아의 승전은 오래가지 않았다. 아들의 반란으로 바빌로니아에서 철수해

고향으로 돌아가야만 했기 때문이다. 아들이 아버지를 살해하기까지 하자 이런 혼란을 틈타 카시트-바빌로니아는 다시 힘을 모을 수 있었다. 아시리아는 니누르타팔레쿠르Ninurtaapalekur(기원전 1192-1180년) 때에 재정비되었다.

카시트-바빌로니아는 아닷슈무차르Adadschumuṣar(기원전 1200년경), 멜리쉬파크Melischipak(기원전 1180-1167년)와 마르둑아팔리디나Mardukapaliddina 1세(기원전 1166-1154년) 때에 번영을 누렸다. 이때 많은 신전을 지었다. 그러나 엘람의 슈트룩나훈테Schutruknahhunte 1세(기원전 1155년경)는 바빌론을 심하게 약탈하고, 마침내 바빌론을 점령하고는 엘람 임금의 아들을 이곳 총독으로 세웠다. 그리고 함무라비 법전 돌기둥을 슈트룩나훈테 1세가 수사susa로 옮겨 갔다.

기원전 1150년경 카시트-바빌로니아가 멸망하고 이신 제2왕조가 수립되었다. 바빌로니아의 네부카드네자르Nebukadnezar 1세(기원전 1125-1104년)는 아시리아와 전쟁을 치르고 승리를 거두었다. 오래도록 그는 영웅으로 대접받는다. 무엇보다도 바빌로니아를 엘람의 압제에서 해방시켰기 때문이고, 결정적으로 오일레우스Eulaeus 전투에서 승리한 덕분이다. 곧바로 엘람에서 마르둑 상을 되찾아 와 마르둑 신을 최고의 신으로 모셨다. 이 시기에 창조 서사시 '에누마 엘리쉬'가[16] 만들어졌을 법하다. 네부카드네자르 1세는 많은 건축물을 세웠고, 제국은 엘람에서 디얄라Diyala까지 그리고 히트Hit 근처 유프라테스까지 이르렀다.

3.7. 아시리아 제국(기원전 14세기-609년)

네부카드네자르 1세 이후 다시 마르둑마디나흐카Mardukmadinachcha가

16) *ANET*, 73-99; 안성림 · 조철수, 『사람이 없었다 신도 없었다』, 111-136; 장일선, 『구약세계의 문학』, 303-347 참조.

아시리아와 맞붙었는데, 처음에는 바빌로니아가 우세하다가 아시리아의 군마 때문에 결국 패하고 말았다. 바빌론이 함락되고 궁전은 불탔다. 네부카드네자르 1세가 번영시킨 바빌로니아는 몰락하였다. 반면에 아시리아는 티글랏 필에세르Tiglat-pileser 1세(기원전 1114-1076년) 때부터 승승장구한다. 그는 많은 건축사업을 벌였는데, 이러한 역사役事는 여러 자료들에서 입증된다. 또한 도서관을 만들고 문학작품, 연금술 서적, 그리고 **중기 아시리아 법전**을 편찬해 소장하였다. 이 문서들은 기원전 12세기에 만들어져 서기관들이 필사해 두었다. 아쑤르와 니네베에서도 큰 건축사업을 벌여 아쑤르에는 아누-아닷Anu-Adad 신전을, 니네베에는 궁전을 세웠다. 그 비용은 주변 국가에서 조공을 받아 충당하였다. 기원전 1005년경 가뭄과 기근이 들고 아람이 공격해 와 백성들을 이주시키기도 했지만, 아시리아는 이 위기를 넘기고 아쑤르벨칼라Assurbelkala(기원전 1073-1056년) 때 바빌로니아와 연합하여 아람을 침공하였다. 그 뒤 아쑤르나시르팔Assurnasirpal 1세(기원전 1049-1031년), 살만에세르 2세, 티글랏 필에세르 2세(기원전 966-935년)는 아람을 정복하였다. 더 큰 변화는 아쑤르하비Assurhabi 2세(기원전 1030-1019년) 때부터다. 그는 아람이 차지했던 땅을 되찾아 이 지역에 아시리아 이주민들을 정착시켰다. 아닷니라리Adadnirari 2세(기원전 911-891년) 때에 마침내 아람과의 전쟁에서 승리하자 이에 힘입은 아시리아는 주변 국가에 팽창정책을 실시하였다. 이 정책으로 아시리아는 기원전 7세기까지 고대 근동의 패권을 장악할 수 있었다.

기원전 1000년경 근동 지역은 특정한 강대국 없이 기존 세력과 신진 세력 사이에 힘의 균형을 유지하였다. 이집트는 내분을 겪느라 어수선했고 시리아와 메소포타미아의 아람족은 여러 신흥 부족국가를 세웠다. 이스라엘은 주변에 강대국이 없었던 덕에 다윗 왕국이 들어설 수 있었다.

아쑤르나시르팔Assurnasirpal 2세(기원전 883-859년)가 밖으로 세력을 팽창할 수 있었던 것은 선대 임금들인 아쑤르단Assurdan 2세(기원전 934-912년), 아닷니라리Adadnirari 2세(기원전 911-891년), 투칼티니누르타Tukultininurta 2세(기원전 890-884년)가 기초를 잘 닦아 두었기 때문이다. 이들은 아시리아의 경계를 넓히고 주변 국가에게서 많은 조공을 거두어 들였다. 기원전 934년경 아쑤르단 2세는 신아시리아 제국을 세워 기원전 920년경에는 강력한 국가로 성장한다. 기원전 911년경 아닷니라리 2세도 옛 영토를 회복하고 세력을 확장하였다. 그는 바빌로니아를 정복하고 평화조약을 체결하였다. 이로써 바빌로니아는 그나마 위축된 왕조를 유지할 수 있었다. 아시리아는 서쪽 아나톨리아에서 이란에 이르는 큰 지역을 지배하였다. 이는 아닷니라리 2세가 아나톨리아 남쪽 하부르Habur 지역을 쟁취하고 서쪽의 아람 사람들을 몰아낸 덕분이다. 오랜 전투 끝에 그는 니시비스Nisibis, 구자나Guzana, 비트-자마니Bit-Zamani의 암메바알Ammeba'al에 승리하였다. 투칼티니누르타Tukaltininurta 2세는 유프라테스를 지배하였다. 와디 타르타Wadi Tharthar를 향해 진격하고 바빌로니아 쪽으로는 히트Hit, 수쿠Suchu 그리고 하부르Habur를 점령하였다. 바빌로니아는 이제 아시리아의 적수가 되지 못하였다. 아쑤르나시르팔 2세는 동쪽으로 잡Zab 하류와 이란과 쿠르드 지역에 이르기까지, 북쪽으로는 티그리스 발원 지역까지 쳐들어갔으며 나중에는 레바논 지역까지 점령하였다.

살만에세르 3세(기원전 858-824년)는 시리아와 남아나톨리아와 전투하여 승리하였다. 그가 시리아를 공격하자 시리아를 중심으로 동맹을 맺은 연합군이 이에 맞섰다.[17] 비트 아디니Bit Adini의 아후니Ahuni, 삼알Sam' al의 차야(니)Chaja(ni), 파티나Patina의 사파룰매Sapalulme, 카르크미스의 삼가라Samgara 등이다. 그러나 기원전 9세기에 계속된 아시리아의 공격은 연합군에게 역부족이었다. 아시리아가 지중해 연안까지 침공하자 연합국들 가운데 특히 페니키아에서 봉기가 일어났다. 여러 차례 봉기가 있었지만

---

17) 기원전 858년 아시리아의 살만에세르 3세는 서부 정복전쟁에 나섰다. 기원전 853년 카르카르 전투에서 아시리아가 시리아, 이스라엘 등 열두 나라 연합군과 싸웠지만 승리하지 못했다.

아시리아는 이를 모두 진압하였다. 기원전 853년 아시리아 군대는 북서쪽으로 진군하여 아나톨리아의 지배자들에게서 조공을 받아낸다. 남쪽에서는 시리아 다마스쿠스를 중심으로 반아시리아 동맹이 일어나는데, 여기에 크게 동조한 이가 이스라엘의 아합 임금이다. 또한 페니키아 지역의 여러 도시국가들이 이 동맹에 참여하였다. 하지만 기원전 842년 시리아의 하자엘Hasael(기원전 842-810년)이 벤하닷Benhadad 2세(기원전 880-843년)를 죽이고 시리아의 임금이 되는 바람에 동맹국들이 소요를 일으킨다(2열왕 8,7 이하 참조). 하자엘은 이스라엘을 위협하여 시리아와 이스라엘 사이에 전쟁이 일어났다. 그는 유다도 몹시 괴롭혔다.

한편 이스라엘에는 쿠데타가 계속된다. 곧 기원전 841년 예후의 쿠데타를 시작으로 나라가 망하기까지 불안한 정권 상황은 동맹관계를 깨뜨리는 계기가 되었다. 예후가 이스라엘 임금과 왕족을 살해하여 쿠데타를 일으키자 이스라엘-페니키아의 동맹이 와해된 것이다. 그리하여 무역로가 막히고 이스라엘의 경제 사정은 더욱 어려워졌다.

기원전 841년 살만에세르 3세는 시리아의 하자엘을 치고 시리아, 티로, 시돈, 북이스라엘 등에게서 다시 조공을 거두었다. 기원전 827년에 아시리아는 왕위다툼으로 일시적 내분이 일어나면서 국력이 약해졌다. 기원전 8세기에 세력이 한층 커진 아시리아는 시리아를 원정하였는데, 이때 북이스라엘에게 바산을 되찾게 해 준다. 기원전 796년 아시리아의 아닷니라리 3세(기원전 810-783년)는 시리아의 벤하닷 3세(기원전 790년경)를 꺾고 연합군과 싸워 이긴다. 그는 다마스쿠스를 파괴하고 북이스라엘에게서 다시 조공을 받아냈다. 또한 아시리아는 반아시리아 연대를 파괴할 목적으로 하즈락Hazrak을 포위하였다.[18] 기원전 782년 자연재앙으로 아시리아는 위축되었다. 이 일은 주변국가의 독립으로 이어진다.

아시리아의 티글랏 필에세르 3세(기원전 745-727년) 때는 국력을 회복하여 최고 번영기를 누렸다. 그는 근동 지역의 새 판도를 만들었는데 이것은

18) *RTAT*, 247-250; *TUAT* I, 626-628 참조.

두 세기 동안 이 지역의 최강국이 되는 기초라 할 수 있다. 그는 더욱 많은 지역을 점령하여 충성맹세와 조공을 받아냈다.

이렇게 아시리아는 군사력을 되찾아 고대 근동의 패권을 다시 장악한다. 기원전 743년 아시리아가 본격적으로 서방원정을 감행하여 시리아-팔레스타인 지역을 장악하려 할 때, 시리아-북이스라엘이 반 아시리아 동맹을 맺는다(유다는 참가하지 않았다). 이 시기에 북이스라엘은 20여 년 사이(기원전 747-722년)에 임금이 무려 여섯 번 바뀌었다. 그 가운데 므나헴은 아시리아에 막대한 조공을 바쳐 백성의 삶을 피폐하게 했다. 한편 페카-르친은 동맹에 참가하지 않은 유다를 공격한다(시리아-에프라임 전쟁, 기원전 733년). 기원전 734-732년 티글랏 필에세르 3세는 필리스티아 해안 지역을 점령하여 혹 있을지도 모르는 이집트가 북이스라엘을 원조하는 것에 대비하였다. 이스라엘은 이 동맹에 실패하여 땅을 잃고 많은 이스라엘 사람들이 아시리아로 유배갔다(2열왕 15,29 참조). 이때 여러 국가들이 아시리아에 조공을 바쳤는데, 그들 가운데는 암몬, 모압, 아스클론, 에돔, 가자, 이스라엘 그리고 유다가 포함된다. 시리아-에프라임 동맹이 실패로 끝난 뒤 기원전 729년 아시리아는 시리아를 완전히 점령하였고, 북이스라엘은 새로운 임금 호세아가 다스린다.

살만에세르 5세(기원전 727-722년)는 갑작스럽게 죽어 통치 기간이 짧다. 그러나 짧은 기간에도 그는 정치 · 군사적으로 큰일을 하였다. 그는 우룰라야Ululāja라는 이름으로 바빌로니아 권좌에 오르기도 하였고 힐라카Hilakka와 타발Tabal과 전투하여 삼알Sam' al을 파괴하고 기원전 725/4년에는 사마리아로 진격하였다. 이스라엘의 호세아 임금이 아시리아에 항거하여 조공을 거부했기 때문이다. 호세아는 봉기 초반에 붙잡혀 기원전 722년 사마리아는 파괴되었으며 많은 이스라엘 사람들이 유배되었다.

기원전 722년에 즉위한 사르곤 2세(기원전 722-705년)는 티글랏 필에세르 3세의 정책을 그대로 따랐다. 사르곤 2세는 이른바 '영광의 시기'(기원전 720-630년)의 초석을 놓았는데, 이때 아시리아는 가장 융성한 시기를 보낸다. 그는 수도를 두르-샤루켄Dur-Scharruken으로 옮겨 도시를 건축하였지만 이 수도의 완공을 보지 못하고 죽었다. 그의 후계자 산헤립Sanherib(기원전 705-681년)은 수도를 다시 니네베로 옮겼다.

사르곤 2세는 통치 초기에 먼저 제국을 안정시켜야 했다. 기원전 722년 엘람이 칼데아의 메로다흐발라단Merodachbaladan(기원전 710년경)과 연합하였기 때문이다. 사르곤은 기원전 720년 남쪽으로 전진해 오론테스Orontes 강 근처 카르카르Qarqar에서 승리하여 연합군을 물리쳤다. 이 승리로 그는 하맛Hamath을 점령하고 그곳 임금 일루비디Ilubi‘di를 처형하였다. 사마리아에서는 살만에세르 5세가 죽은 뒤에 잠깐 봉기가 있었지만 곧 진압되었다. 사르곤 2세가 마침내 사마리아를 점령해서[19] 이 도시는 아시리아의 영토로 편입되었다. 이것은 유다에 대한 경고이기도 했다. 사마리아에 거주했던 사람들은 바빌론, 쿠타Kutha, 아브바Avva와 하맛 등으로 유배되었다. 또한 가자Gaza가 점령되었고 사르곤은 이집트의 국경 지대를 공격하였다. 기원전 717-712년에 몇 차례 조공국가들이 들고 일어났는데, 그 가운데 카르크미스의 봉기가 컸지만 이것 역시 곧 진압되었다. 팔레스타인 지역에서는 기원전 714년 이집트가 부추겨 봉기가 일어났는데, 아스돗을 중심으로 에돔, 모압, 키프로스 등이 힘을 합쳤고 나중에 유다도 합세한다. 그 당시 유다 임금은 히즈키야였다. 아시리아는 무력으로 봉기를 진압하고 깁베톤Gibbethon, 갓, 아스돗 등을 점령하였다. 결국 이 지역까지 아시리아의 영토가 되었다. 아시리아는 아나톨리아 지역도 그들의 영토로 만들었다. 기원전 705년 사르곤은 갑작스러운 공격을 당해 죽었다.

사르곤이 갑자기 죽자 여러 국가들이 반란을 일으켰으나 후계자인 산헤립(기원전 705-681년)은 엘람과 칼데아의 메로다흐발라단을 쳐부수고, 기원전 700년경 자신의 아들을 바빌로니아 임금으로 세웠다. 기원전 694년까지 그는 이 자리를 지킬 수 있었다. 기원전 701년에도 서쪽 도시국가들이

---

19) ^{3}*TGI*. Nr 30, 60 참조.

이집트의 도움으로 반란을 일으켰다. 그 국가들은 비블로스, 아스돗, 암몬, 에돔 그리고 유다이다. 산헤립이 유다를 공격한 사건은 2열왕 18장에 잘 묘사되어 있다. 산헤립은 예루살렘을 포위하였지만 유다 임금 히즈키야의 항복을 받고 돌아간다.

기원전 681년 에사르 하똔Esarhaddon(기원전 681–669년)이 즉위하였다. 에사르 하똔이 다스리는 동안 아시리아에 큰 위기는 없었다. 에사르 하똔은 엘람, 바빌로니아와도 평화롭게 지냈다. 그는 유프라테스에 이르는 큰 영토에 바빌론 도시와 신전을 세우도록 허락하였고, 그들의 신을 되돌려 주기도 하였다. 동쪽 자그로스 산맥에서 등장한 스키타이족이 기원전 673년 메디아와 함께 아시리아에 맞서기도 했다. 아시리아 군대는 필리스티아와 이집트 국경 지역까지 정복하는데, 시돈은 이집트의 지지를 받아 봉기하였으나 곧 진압되어 망하고, 기원전 676년 티로의 발루Ba'lu 1세(기원전 670년경)는 아시리아와 봉신조약을 체결한다.[20] 이 조약은 티로 신들의 이름을 증인으로 거명하면서 맹세로 끝난다. 기원전 671년 에사르 하똔이 이집트 국경 근처에서 벌인 이집트와의 전투에서 패하자, 티로는 또다시 반란을 꾀하나 곧 포위되어 망한다.

아쑤르바니팔(기원전 668–627년)은 큰 어려움 없이 왕위에 오를 수 있었는데 에사르 하똔이 그를 후계자로 책봉했기 때문이다. 이에 대해서는 문서에 기록되어 있다.[21] 아쑤르바니팔은 왕위에 오르자마자 이집트 테베를 정복하였다. 그러나 아시리아는 기원전 660년부터 갑자기 영향력을 잃어갔다. 팔레스타인 지역과 해안 지역은 별 문제가 없었지만, 티로의 발루 1세가 기원전 668/667년에 또 봉기를 일으켰고 곧 진압되었다. 또한 유다의 경우 므나쎄(기원전 697–642년)가 집권하면서 친아시리아 정책을 폈다. 그는 아시리아와 봉신조약을 맺고는 유다 땅에 아시리아의 군대를

20) SAA II, 24–27. Nr. 5; *TUAT* I, 158–159 참조. 고대 히타이트 조약 내용과 비슷함을 알 수 있다.

21) *RTAT*, 153–155; *TUAT* I, 160–177; SAA II, 28–58. Nr. 6 참조.

주둔시키고 아시리아 관료를 유다 땅에 두었다. 므나쎄의 정책은 2열왕 21장에서 확인할 수 있다. 므나쎄가 봉기에 참여했다는 주장이 있긴 하지만 설득력이 약하다. 기원전 653년 아시리아는 메디아를 공격하였다. 당시 메디아 임금 프라오르테Phraorte(기원전 675-653년)는 킴머리인과 연대하고도 아시리아에 패하였다. 기원전 640년 아쑤르바니팔은 북서 지역의 문제들을 해결해야 했는데, 남쪽의 엘람, 바빌로니아 등과도 힘겨운 전투를 벌였다.

아쑤르바니팔은 고대 근동의 문학작품을 수집하는 데 열심이었다. **신바빌로니아 법전**도 이때에 필사된 것으로 보인다. 또한 건축에서도 아쑤르바니팔의 역할은 크다. 그러나 아쑤르바니팔이 죽자 왕위다툼 때문에 아시리아는 급격하게 쇠퇴한다.

3.8. 신바빌로니아 제국(기원전 626-539년)

아쑤르바니팔이 죽자 두 아들 아쑤르에틸라니Assuretlilani와 신샤리쉬쿤Sinscharischkun(기원전 623-612년) 그리고 장군 신슘리쉬르Sinschumlischir 사이에 권력다툼이 일어났다. 이러한 상황에서 신바빌로니아가 등장한다. 칼데아의 나보폴라사르Nabopolassar(기원전 626-605년)가 기원전 626년에 바빌로니아 임금으로 즉위한다. 나보폴라사르는 친아시리아 도시들을 점령하고 기원전 616년 바빌로니아 전 지역을 통일한다. 그 뒤 이집트와 아시리아가 연합하여 신바빌로니아에 맞서지만, 기원전 614년 메디아가 아쑤르를 점령하고 바빌로니아와 손을 잡는다. 기원전 612년 니네베도 메디아와 바빌로니아 연합군의 공격을 받아 초토화되고 이때 신샤리쉬쿤이 살해된다. 아쑤르우발릿Assurubaliṭ 2세(기원전 612-609년)는 하란으로 피신하였으나 기원전 609년 사망하고 하란 역시 파괴되며 이어서 아시리아까지 멸망한다.

기원전 605년 네부카드네자르 2세(기원전 605-561년)는 카르크미스 전투에서 이집트를 격파하였고 시리아-팔레스타인의 지배권을 확보하였다. 기원전 597년에 여호야킨 임금을 비롯한 많은 유다 사람들이 바빌론으로 제1차 유배를 떠난다. 기원전 587년 예루살렘은 네부카드네자르 2세의 침공으로 파괴되고 유다는 멸망하게 된다. 페르시아의 키루스Kyros 2세(기원전 559-530년)가 기원전 539년 바빌로니아를 점령하면서 유다 지역은 페르시아의 지배를 받는다.

고대 근동
법전과
구약성경의
법

II. 수메르어 법전

1. 우르-남무 법전

해제

기원전 22세기 구티족은 아카드를 무너뜨리고 약 40년간 수메르를 지배하였다. 그 뒤 우르의 임금 우르-남무(기원전 2112-2095년)가 그들을 물리치고 도시국가를 통합하여 우르 제3왕조를 창시하였는데 이 시대에 많은 학교가 세워지고 문화가 발전하였다. 또한 임금은 법전을 편찬하여 경제와 사회질서를 확립하고 백성을 보호하려 애썼다. 우르-남무 법전은 함무라비 법전보다 약 300년 더 오래된 법전으로 알려져 있다. 이 토판은 현재 터키 이스탄불의 고대 박물관에 소장되어 있다.

이 법전은 서언과 법조항은 남아 있지만 법전 후반부와 결언은 훼손되어 그 내용을 알 수 없다. 법전의 구성은 다음과 같다.

서언
제1-3조: 사형이나 배상에 관한 조항
제4-5조: 종과 혼인한 뒤 생긴 문제에 관한 조항
제6-8조: 간음에 관한 조항
제9-10조: 이혼에 관한 조항
제11-(12)조: 혼인계약서에 관한 조항
제13-14조: 매우 특별한 경우인 신명재판에 관한 조항

제15조: 아버지가 약혼한 딸을 다른 사람에게 시집보낼 경우 그에 따른 손해배상에 관한 조항
제16조: 훼손되었다.
제17조: 도망간 종에 관한 조항
제18-22조: 신체 상해에 따른 배상에 관한 조항
제23-24조: 훼손되었다.
제25-26조: 여주인 행세를 하는 여종에 관한 조항
제27조: 훼손되었다.
제28-29조: 증인에 관한 조항
제30-32조: 배상에 관한 조항

서언

나는 매달 보리 90코르Kor, 양 30마리와 버터 30실라Sila를 정규 제물로 정했다.[1] 아누Anu와 엔릴Enlil은 난나Nanna에게[2] 우르의 왕권을 주었고, … [그는][3] 자기가 사랑하는 종인 닌수나Ninsuna의[4] 아들 나 우르-남무에게 법과 정의에 따라 … [주었다.] … 나는 라가쉬의 통치자 남하니Namchani를 죽였고 … 나는 난나의 힘으로 난나의 배를 임금의 성읍 마간으로[5] 다시 가져왔다. 내가 그것을 우르에 놓았는데, 그것이 (다시) 광채

1) 1코르는 300실라다. 이것은 5세켈과 같다. 곧 60실라가 1세켈이다. 1실라는 약 0.85리터다.

2) '난나'는 우르의 신이다. 니푸르의 신 '엔릴'이 '아누'의 아들로서 우르의 왕권을 우르의 신에게 주었다는 말이다.

3) 이 부분은 훼손되어 정확히 알 수는 없지만 난나로 이해할 수 있을 것이다.

4) '닌수나'는 '들소의 여주인'이라는 뜻의 여신으로 우룩의 옛 도시 '쿨아바'에 성소가 있었다. 남무와 그의 후계자 슐기는 닌수나의 아들이라고 설명한다.

5) '마간'은 오늘날의 바레인 남쪽 지방을 말한다.

처럼 빛났다. 그때에는 나귀를 가지고 있던 사람이 밭을 독점하였고, 큰 선박이 무역을 독점하였으며, 소나 양이나 나귀잡이가 목자들을 독점하였다.[6] … [그때] 권력을 가진 [우르]의 [임금], 수메르와 아카드의 임금인 나 [우르-]남무는 성읍의 신인 난나의 힘으로, 우투Utu의[7] 진리의 말로 수메르 땅에 법을 세웠다. 그리하여 나는 증오와 폭력과 전쟁을 이 땅에서 없앴다. 나는 큰 선박이 독점하는 것을 막았고, 소나 양이나 나귀잡이들이 목자들을 독점하는 것을 막았다. 나는 수메르와 아카드를 해방시켰다. … 그때에 움마, 마라다, 슈비르, 카잘루와 안샨의[8] 노예였던 그들의 정착촌 우자룸에 나의 신 난나의 능력으로 그들의 자유를 확립하였다.[9] 또한 앞에서 언급한 성읍의 성소에 신년축제를 세웠다. 나는 1실라의 도량형을 정하였는데, 구리 반Ban[10] 도량형기를 10실라로 정하고, 왕궁의 표준 구리 반 도량형기를 5실라로 정했으며, 청동 1실라의 (저울추를) 1미나로 정하고, 순은 1세켈의 무게를 1/60미나로 정하였다.[11] 당시에 티그리스와 유프라테스의 강둑과 그 밖의 강둑에서 곡식제물을 바쳤고 자유로이 맏물을 바쳤다. 나는 그곳에 정원을 만들어 궁중 정원사에게 맡겼다. 나는 고아가 부자에게 넘어가지 않도록 하고 과부가 권력을 가진 이에게 넘어가지 않도록 했으며, 1세켈 가진 사람이 1미나 가진 사람에게 넘어가지 않도록 했다. 그리고 양 한 마리 가진 사람이 황소 한 마리 가

---

6) 소 · 양 · 나귀잡이는 수수료를 거둬가는 관리를 말한다.

7) '우투' 는 수메르의 태양신이다.

8) '안샨' 은 자그로스 산맥이 있던 도시국가를 말하는데 구티족이 이곳에 머물렀다.

9) 주로 메소포타미아의 동북쪽에 있던 도시들이다.

10) '반' 은 수메르의 도량형을 재는 기구다.

11) 노예에게 자유를 주고 도량형을 확립했다는 우르-남무의 업적은 매우 중요하다. 구약성경의 모세 이야기에도 이와 비슷한 경우가 전한다(참조: 레위 19,35-36; 신명 25,13-15).

진 사람에게 넘어가지 않도록 했다.[12] 나는 나의 장수들, 나의 어머니, 나의 형제들과 자매들, 그들의 지인들과 충성하는 자들을 정착시켰다. 그러나 나는 그들 마음대로 사람들을 강제노동 시키지는 못하게 했다. 나는 증오와 폭력, 우투에게 하는 저주를 사라지게 하여 수메르 땅에 정의를 확립하였다.

법조항

[제1조] 만일 어떤 사람이 살인을 했을 경우, 살인한 이는 사형에 처한다.[13]

[제2조] 만일 어떤 사람이 (사람) 도둑질을 했을 경우, 그는 사형에 처한다.[14]

[제3조] 만일 어떤 사람이 (부당하게) 자유를 침해하는 행위를 해서 그 때문에 다른 사람이 감옥에 갇힌 것이 발각되었을 경우, 그는 은 15세켈을 배상해야 한다.

[제4조] 만일 남종이 한 여종을 흠모해서 여종과 혼인하였는데 그 남종이 해방되었을 경우, 그는 주인집에서 나오지 않아도 된다.[15]

12) 이것은 부자에게 권리를 빼앗기지 않게 했다는, 곧 정의를 구현했다는 말이다.

13) "사람을 때려서 죽인 자는 사형을 받아야 한다"(탈출 21,12).

14) "사람을 유괴한 자는 그 사람을 팔았든 데리고 있든 사형을 받아야 한다"(탈출 21,16).

15) "그러나 그가 '나는 주인과 내 아내와 내 아들들을 사랑하기 때문에, 자유로운 몸으로 나가지 않겠습니다.' 하고 선언하면, 주인은 그를 하느님께 데리고 가서 문짝이나 문설주에 다가 세우고, 그의 귀를 송곳으로 뚫는다. 그러면 그는 종신토록 그의 종이 된다"(탈출 21,5-6).

[제5조] 만일 종이 (조건적인) 자유민과 혼인하여 아들을 낳았을 경우, 종은 그 아들을 주인에게 주어야 한다. 주인을 섬겨야 하는 그 아들은 아버지 재산의 반을 … 자유민 어머니를 둔 그 밖의 자식들은 임금의 허락 없이 종살이하게 해서는 안 된다.

[제6조] 만일 (어떤) 사람이 아직 처녀인 젊은이의 아내를 강간하여 처녀(성)을 잃게 하였을 경우, 이를 행한 그 사람은 죽어야 한다.[16)]

[제7조] 만일 한 젊은이의 아내가 (다른) 남자를 유혹해서 그와 동침하여 아이를 가졌을 경우, 이 여자는 사형에 처하되 이 남자는 풀어 주어야 한다.

[제8조] 만일 아직 처녀인 한 시민의 여종을 (다른) 남자가 강제로 성폭행했을 경우, 이 남자는 은 5세켈을 여종의 주인에게 지불해야 한다.

[제9조] 만일 한 남자가 동등한 신분의 아내와 이혼했을 경우, 그는 은 1미나를 그 여자에게 지불해야 한다.[17)]

[제10조] 만일 그가 과부와 이혼했을 경우, 그는 은 반 미나를 그 과부에게 지불해야 한다.

[제11조] 만일 한 남자가 혼인[계]약서가 없는 과부와 동침했을 경우, 그는 아무것도 지불하지 않아도 된다.[18)]

[제12조] ….

---

16) 한편 신명 22,23-27.28-29은 저마다 다른 판결을 내리고 있는데, 우르-남무 법전보다 쉽고 여러 경우를 예로 들었다. “그러나 그 남자가 약혼한 그 젊은 여자를 들에서 만나 여자를 강제로 붙잡아 동침하였을 경우, 그 여자와 동침한 남자만 죽어야 한다. 그 젊은 여자에게는 죽을죄가 없으므로, 너희는 그 여자에게 아무것도 해서는 안 된다”(신명 22,25-26ㄱ).

17) 1미나는 1/60탈렌트이고 약 0.5킬로그램이다.

18) 함무라비 법전 제128조 “만일 한 시민이 부인을 맞았지만 그 여자와 혼인계약서를 작성하지 않았을 경우, 이 여자는 그의 부인이 아니다.”

[제13조] 만일 어떤 사람이 (다른) 사람을 … 탓으로 돌려 그를 강江의 신에게 데려가 강의 신이 그의 무죄를 선언했을 경우, 그를 모함하여 강의 신에게 데려간 이는 은 3세켈을 그에게 지불해야 한다.[19]

[제14조] 만일 어떤 사람이 젊은이의 아내와 (동침했다고 고소)를 당했는데 강(의 신)이 그 여자의 무죄를 선언했을 경우, 그 남자는 [은] 1/3미나를 그 여자에게 지불해야 한다.

[제15조] 만일 (미래의) [사윗]감이 미래의 [장]인 집[으로] 들어왔는데도 나중에 미래의 장인이 그의 아내 될 딸을 [다른] 사람에게 주었을 경우, 장인은 약속된 사윗감에게 그가 장인에게 지불한 혼인지불금의 [두] 배를 [지불]해야 한다.[20]

[제16조] ….

[제17조] [만일] … 여종이 … [그리고] 도시의 경계선을 넘어가 어떤 사람이 그 여종을 그 주인집으로 데려왔을 경우, 여종의 주인은 여종을 데려온 이에게 은 …세켈을 지불해야 한다.

[제18조] 만일 [어떤 사람이 다른 사람을] [칼로] 다른 사람의 [다]리를 잘랐을 경우, 그는 은 10세켈을 그에게 지불해야 한다.[21]

---

19) '강의 신에게 데려가다'는 행위는 증거나 증인이 없을 경우 죄를 가리기 위해 피고를 강에 빠뜨려 보는 것으로, 그가 무죄라면 강에서 살아나올 것이고, 그가 유죄라면 익사할 것으로 여겼다.

20) 고대 메소포타미아의 혼인제도에서 남녀는 대체로 15-18세 가량 되면 혼인하였다. 혼인은 남녀 아버지 사이의 계약으로 성립되며 이 계약이 성립되면 신랑은 신부의 집에서 약 1년 가량 산다. 그런 다음 혼례를 치루어 비로소 부부관계를 할 수 있었는데, 이 기간 중에 신부의 아버지가 신랑이 마음에 안 들거나 더 좋은 혼처가 나와 이를 파기하고 신랑을 내보낼 수 있었다. 이럴 때에 신부의 아버지는 이에 대한 손해배상을 지불해야 했다(함무라비 법전 제161조 참조).

21) 탈출 21,22-23과는 달리 제18-22조는 상해를 입힌 자가 그에 해당하는 손해배상을 해야 한다고 규정한다.

[제19조] 만일 어떤 사람이 (다른) 사람을 무기로 때려 그의 뼈를 부러뜨렸을 경우, 그는 은 1미나를 그에게 지불해야 한다.[22]

[제20조] 만일 어떤 사람이 (다른) 사람을 청동으로 만든 칼로 그의 코를 잘랐을 경우, 그는 은 2/3미나를 그에게 지불해야 한다.

[제21조] ….

[제22조] 만일 [어떤 사람이] 다른 사람을 때려 그의 이를 부러뜨렸을 경우, 때린 사람은 [은] 2세[켈을 지불]해야 한다.[23]

[제23-24조] ….

[제25조] 만일 여종이 마치 여주인처럼 자신의 권리를 요구하고[24] 여주인을 저주하였을 경우, 그는 자기 입을 1실라의[25] 소금으로 닦을 것이다.[26]

[제26조] 만일 여종이 여주인의 권위를 모독했을 경우 ….[27]

[제27조] ….

[제28조] 만일 한 남자가 증인으로 나섰는데 그가 위증한 것이 판명날 경우, 그는 은 15세켈을 지불해야 한다.

---

22) 우르-남무 법전에서는 상해에 대해서 손해배상을 요구하지만, 함무라비 법전에서는 동태복수법과 손해배상 두 가지로 판결을 내린다(함무라비 법전 제196-214조 참조).

23) 함무라비 법전 제201조 "만일 그가 다른 시민의 이를 부러뜨렸을 경우, 그는 은 1/3미나를 지불해야 한다."

24) 함무라비 법전 제146조 "만일 한 시민이 나디투-여사제와 혼인했는데 그 부인이 남편에게 노예를 주어 그 노예가 아이를 낳고는 자신이 부인과 같은 지위를 갖겠다고 할 경우, 부인은 그 여종이 아이를 낳아 주었기 때문에 여종을 노예로 팔아서는 안 된다. 그러나 부인은 여종을 노예시장에서 사온 노예와 같이 부려도 된다."

25) 1실라는 850그램이다.

26) 소금으로 닦는다는 의미는 '정결례'로 이해할 수 있다.

27) 제26조는 더 해석하기 어렵다.

[제29조] 만일 한 남자가 증인으로 나섰는데 그가 맹세를 거부할 경우, 그는 재판에서 결정한 판결을 대신 져야 한다.

[제30조] 만일 한 남자가 폭력을 행사하여 (다른) 사람의 밭을 경작한 것에 대해 소송을 걸었는데도 그가 판결을 무시했을 경우, 이를 행한 이는 (지금까지) 이룬 권력에서 쫓겨난다.

[제31조] 만일 어떤 사람이 (다른) 사람의 밭에 물을 넘치게 했을 경우, 그는 밭 1이쿠마다 보리 3[코]르를 지불해야 한다.[28)]

[제32조] 만일 어떤 사람이 (다른) 사람에게 경작지를 빌려 주었는데, 그가 경작지를 경작하지 않아 불모지가 되었을 경우, 그는 밭 1이쿠(마다) 보리 3코르를 지불해야 한다.[29)]

---

28) 1이쿠는 3600㎥이다.

29) 우르-남무 법전의 나머지 조항과 결언은 훼손되어 더 해석할 수 없다.

2. 리피트-이쉬타르 법전

해 제

이 법전은 미국 펜실베니아Pennsylvania 대학교 고고학 팀이 1889/1890년 이라크의 니푸르Nippur에서 발굴한 것으로 훼손이 심한 편이다. 발굴된 것에는 서언과 결언이 포함되어 있으며 리피트-이쉬타르Lipit-Ischtar 임금을 언급하고 있다(기원전 1934-1924년). 리피트-이쉬타르는 이신Isin의 제1왕조 임금으로서 법률을 제정하였다. 법전은 약 1/5 정도만 남아 있지만 여러 가지 법규들을 포함하고 있다. 이 법은 아누 신이 리피트-이쉬타르를 이신의 통치자로 세워 수메르인과 아카드인 모두 정의와 복지를 누리도록 했다고 설명한다. 리피트-이쉬타르 법전은 우르-남무 법전과 마찬가지로 수메르어로 기록되었다. 이것은 아카드어로 기록된 법전과는 달리 번역과 그 의미 해석이 매우 어렵고 서언과 결언이 상세한 편이다. 서언은 리피트-이쉬타르를 지혜로운 자, 목자 그리고 수메르인들을 행복한 삶으로 이끌어 준 자로 묘사한다. 38개 조항으로 구성된 이 법전은 내용이 우르-남무 법전과 유사해서 그 법전을 계승한 것으로 보인다. 리피트-이쉬타르 법전은 함무라비 법전에 영향을 주었다.

법조항은 점토판 파편 일곱 개를 재구성한 것이다. 그 가운데 네 개가 삽입된 것인데 그 하나는 두 단짜리로 전체 내용을 포함하고 있지 않고, 다른 세 판에는 전체 법전과 서언 그리고 결언 모두가 포함되어 있는 것으로 보인다. 일곱 판 가운데 여섯 개를 니푸르에서 발굴했고, 프랑스 루브르Louvre 박물관에 소장된 나머지 하나는 발굴 장소가 불분명하다. 내용 구성은 다음과 같다.

서언
제(1-)5조: 배상에 관한 조항
제6조: 훼손되었다.
제7-11조: 과수원을 가꾸는 것에 관한 조항
제12-16조: 종에 관한 조항
제17조: 거짓 고소에 관한 조항
제18(-19)조: 땅 경작과 소유에 관한 조항
제20-27조: 상속에 관한 조항
제28-30조: 부부에 관한 조항
제31-32조: 상속에 관한 조항
제33-38조: 배상에 관한 조항
결언

서 언

[신]들의 [아버지인] 위대한 아누Anu와 [온 나라의 임금]이며 [운명을 결정하는 주인인] 엔릴Enlil은 아누의 [딸]인 니닌시나Nininsina에게 …, 사람들은 그녀의 [영웅]됨을 기뻐하고 있고, 그녀의 찬란한 [이마]는 …, 아누가 이신에서 수메르와 아카드의 왕국을 주었다. 아누와 엔릴은 현명한 목자인 리피트-이쉬타르를 누남니르Nunamnir에서 불러 그 땅에 정의를 펼치도록 하였고 백성의 아우성을 잠잠하게 하였다. 그래서 리피트-이쉬타르는 증오와 폭력과 전쟁을 없애고 수메르와 아카드를 편안하게 살도록 하였

다. 니푸르의 겸손한 목자이며 우르의 신실한 농부인 나 리피트-이쉬타르는 이신의 임금이요 수메르와 아카드의 임금이며 우룩의 주인으로서 이난나에게 총애를 받았는데, 이는 엔릴의 말씀대로 정의가 수메르와 아카드에 실현되게 하기 위해서다. 이 [날]에 [니푸르]의 [아]들과 딸, 우르의 [아]들과 딸, [이]신의 아들과 딸, [수]메르와 아카드의 [아]들과 딸은 … 노예제도에서 그들의 [자]유를 획득하게 하였다. 최상의 [무역]으로 나는 아버지가 아들을 부양하도록 하였고, 아들은 아버지를 [부양하도록] 하였다. 나는 아버지가 아들을 [돌보게 하고] 아들이 아버지[를] 돌보게 하였다. 나는 아버지에게 아들들과 함께 국가를 위한 부역을 맡기고, 아들들에게는 그들의 아버지와 함께 국가를 위한 부역을 맡겼다. 한편 (전에는) 아버지의 집과 [형제들의] 집에도 부역을 맡겼는데, 나 엔릴의 아들 리피트-이쉬타르는 아버지의 집과 형제의 집에서 (1년 가운데) 70일을 국가를 위해 부역을 하도록 하였다. 미혼 남자는 한 달에 10일 동안 부역을 하도록 하였다.

… 남[자의] 아내는 … 한 남[자의] 아들은 ….

법조항

[다섯째 단] 재산권이 … [1]

[여섯째 단] 아버지의 재산은 …

[일곱째 단] 총독의 아들, 왕궁 신하의 아들, 감독자의 아들 …

[둘째 단] 만[일] 어떤 사람이 수레를 끄는 용도로 소를 2년 동안 [빌렸을] 경우, 그는 보리 8코르를 지불해야 한다.

---

1) 토판 앞면은 파괴되었고 그나마 남은 세 단도 온전하지 않다.

그가 빌린 소를 앞이(나) 중간에 놓았을 경우, 그는 주인에게 보리 6코르를 지불해야 한다.

만일 어떤 사람이 아들 없이 죽었을 경우, (그의) 혼인하지 않은 딸이 상속자가 된[다].

만일 어떤 사람이 죽었는데 그의 딸이 [혼인하지 않았을 경우], [그녀는] 아버지의 재산을 ….

[셋째 단] 만[일] 어떤 [사람이] … [어떤 사]람의 딸을 때려 그의 딸이 유산했을 경우, 그는 [은] 1/2미나를 지불해야 한다. 만일 그의 딸이 이 때문에 죽었을 경우에는, 이를 행한 이는 [죽]어야 한다.

만일 어떤 [사람이] … 어떤 사람의 여종을 때려 여종이 유산했을 경우, 그는 [은] 5세겔을 [지불해야] 한다. …

[반대편 열한째 단] … 배를 … 그는 배를 [배상해야] 한다.[2)]

[제5조] 만[일] 어떤 사람이 배를 빌(려) 정해진 바닷길을 두고 다른 길로 갔는데, 그때에 배에 누군가 침입하여 배의 물건을 도둑맞았을 경우, 이 배를 빌린 이가 모든 것을 배상해야 한다.

[제6조] 선물은 …

[제7조] 만일 주인이 과수원을 잘 관리하라고 맡겼을 경우, 과수원의 주인은 그곳에 심은 야자나무의 1/10을 관리비로 받을 수 있다.

만일 어떤 사람이 ….

[제8조] 만일 어떤 사람이 다른 사람에게 경작하지 않은 땅을 과수원으로 가꾸라고 주었는데 그가 약속한 대로 과수원을 제대로 가꾸지 못했을 경우, 이를 맡은 이는 과수원을 제대로 가꾸지 못했으니 그 과수원의 주인에게 돌려주어야 한다.

---

2) 앞의 법조항은 훼손이 너무 심하여 몇 조항인지 알 수가 없다. 그래서 조항이 아닌 '단'으로 서술하였다. 다음부터는 조항으로 확인할 수 있는 내용이다.

[제9조] 만일 어떤 사람이 다른 사람의 과수원에 넘어가 도둑질하(다가) 잡혔을 경우, 그는 은 10세켈을 지불해야 한다.

[제10조] 만일 어떤 사람이 다른 사람의 과수원에 있는 나무를 잘랐을 경우, 그는 은 1/2미나를 지불해야 한다.

[제11조] 만일 어떤 사람의 집 근처에 사용하지 않는 땅이 있는데 그것이 다른 사람에게 불편을 주었다면, 그 집 주인이 사용하지 않은 땅을 가진 자에게 "당신의 땅이 사용하지 않은 채로 여기에 있고, 그 땅을 통해서 누가 나의 집에 들어올 수 있으니 이것을 잘 처리해 주시오"라고 한 것이 입증되었을 경우, 땅을 그대로 둔 이는 이 때문에 피해를 본 집 주인의 피해를 모두 배상해야 한다.

[제12조] 만일 어떤 사람의 여종이(나) 남종이 도시 안으로 도망간 것이 입증되었는데, 그 종이 다른 사람의 집에서 한 달 동안(이나) 머물렀을 경우, 그는 종을 종으로 갚아야 한다.[3)]

[제13조] 만일 그에게 종이 없다면, 그는 은 15세켈을 지불해야 한다.

[제14조] 만일 어떤 사람의 종이 그의 주인과 맞서 그가 종의 주인인지를 두고 논쟁했는데, 그 사람이 종의 주인이라는 것이 두 번이나 입증되었을 경우, 주인은 이 종을 감옥에 가두어도 된다.[4)]

[제15조] 만일 그가 임금의 선물인 미크툼miqtum일[5)] 경우, 그를 압류해서는 안 된다.

---

3) 함무라비 법전 제19조는 "만일 한 시민이 자기 집에 이 노예를 데리고 있다가 나중에 노예가 그 시민의 집에서 잡혔을 경우, 이 시민은 사형에 처한다"고 서술한다. 한편 신명 23,16-17은 "너희는 제 주인에게서 피신해 온 종을 주인에게 넘겨서는 안 된다. 그가 마음에 들어 선택하는 성의 한 곳에서, 너희와 함께, 너희 가운데에서 살게 하고 그를 구박해서는 안 된다"고 하였다. 신명기는 약자의 관점에서 많이 변형했는데, 이는 전형적인 신명기 신학에 속한다.

4) *TUAT*은 "그 종을 해방시킨다"로 번역하고 있지만 의미는 매우 의심스럽다. 사람들은 이 판례에서 종에 대한 처벌을 기대할 수 있기 때문이다.

5) '미크툼'이란 전쟁으로 포로가 되어 종이 된 사람을 가리키는 용어다.

[제16조] 만일 그가 미크툼으로 어떤 사람에게 종으로 갔는데, 이 사람을 계속해서 그 집의 종으로 두지 않고 그가 원하는 대로 둘 경우, 그는 그가 원하는 곳으로 갈 수 있다.

[제17조] 만일 어떤 사람이 다른 사람에게 그가 하지도 않은 일을 했다고 하여 그가 하지도 않은 일에 대해 큰 손해를 보게 될 위기에서 그의 무죄가 입증되었을 경우, 이 사람에게 하지도 않은 일을 했다고 말한 이는 그가 당할 형벌을 그대로 당해야 한다.

[제18조] 만일 땅 주인이 그 땅을 경작하지 않아 세금을 제대로 내지 않았는데, 이방인이 3년 동안이나 그 땅을 경작했음에도 그를 나가게 하지 않았을 경우, 그 땅을 경작하고 세금을 낸 이가 그 땅을 소유할 수 있다. (원래의) 주인은 이 땅에 대한 소송을 제기할 수 없다.

[제19조] 만일 땅 주인이 ….

[제20조] 만일 어떤 사람이 유산을 … 아버지의 집 … 혼인했을 경우, 그 여자의 아버지의 집에서 준 선물들은 그 여자의 맏아들이 가지게 된다.

[제21조] ….

[제22조] 만일 아버지가 살아 있을 때에 딸에게 자기 집안의 상속자인 것처럼 – 닌-딩기르-, 루크르-, 또는 누-기그- (여사제/여자)라고 – (말했을) 경우, 딸은 유산을 받는 아들처럼 아버지의 집에서 살 (수 있다).

[제23조] 만일 아버지의 집에서 살았던 딸은 ….

[제24조] [만]일 어떤 사람의 [둘]째 부인이 그의 [아]기를 낳았을 경우, 이 부인이 아버지 집에서 가져온 지참금은 (그) 아이에게 속한다. 첫째 부인의 아이들과 둘째 부인의 아이들은 아버지의 재산을 똑같이 나누어야 한다.

[제25조] 만일 한 남자가 부인을 맞아 아이를 낳아 이 아이가 살아 있는데 여종이 주인에게 아이를 낳아 주었을 경우, 아버지가 여종과 아이를 해방시켰다면 여종의 아이는 주인의 아이들과 재산을 나눌 수 없다.

[제26조] 만일 [본처]가 죽어 그의 [여종]을 새 부인으로 맞았을 경우, 본처[의 자식들이] 그의 상[속]자가 된다. [여종]에게서 난 아이들은 해방된 아이들처럼 가정을 꾸릴 수 있다.

[제27조] 만일 어떤 사람의 부인이 그에게 아이를 낳아 주지 못해 창녀가 그에게 아이를 낳아 주었을 경우, 그는 창녀에게 보리, 기름, 의복 등을 대 주어야 한다. 창녀에게서 태어난 아이들이 상속자가 된다. 그러나 본처가 살아 있는 동안 창녀는 이 본처와 함께 그 집에서 살 수 없다.

[제28조] 만일 어떤 사람의 부인이 소경이나 귀머거리가 되었을 경우, 그는 부인을 집에서 쫓아내서는 안 된다. 그녀의 남편이 둘째 부인을 얻을 경우, 그는 본처와 담소를 나누어야 한다.[6)]

[제29조] 만일 (미래의) 사윗감이 장인에게 주는 혼인지불금을 지불했는데, 나중에 장인이 (미래의) 신부를 자기 친구에게 주었을 경우, 장인은 (미래의) 사위에게 혼인지불금을 두 배로 지불해야 한다. 또한 (미래의) 신부는 친구와 혼인해서는 안 된다.

[제30조] 만일 혼인한 젊은 남자가 거리의 창녀를 취하여 판관이 그에게 계속 창녀에게 가는 것을 금지하였는데, 나중에 그가 자기 부인과 이혼하였을 경우, 부인에게 위자료를 지불했다 하더라도 창녀와는 혼인할 수 없다.

[제31조] 만일 아버지가 생전에 사랑하는 아들에게 선물을 주고 이 사실을 그에게 증명서로 만들어 주었을 경우, 아버지가 죽고 가족들이 상속을 나눌 때 아버지가 사랑하는 아들에게 준 (상속)분은 나누어서는 안 된다. 아버지의 말을 … 해서는 안 된다.

[제32조] 만일 아버지가 생전에 사랑하는 맏아들에게 혼인지불금을 … (그리고) 아버지가 생전에 부인을 [얻었을 경우], 아버지가 (죽은) 뒤 유산은 ….

6) 아마도 이 의미는 부부관계까지 포함하는 것으로 보인다(탈출 21,7-11 참조).

[제33조] [만]일 어떤 사람이 한 처녀에게 처녀가 아니라고 말했다가 그 여자가 처녀인 것이 입증되었을 경우, 그 말을 한 이는 처녀의 아버지에게 은 10세켈을 주어야 한다.[7)]

[제34조] 만일 어떤 사람이 소를 빌렸는데 … 소 등에 큰 상처를 입혔을 경우, 소를 빌린 이는 소 값의 1/3을 주인에게 지불해야 한다.

[제35조] 만일 어떤 사람이 소를 빌렸는데 그 소의 눈을 다치게 했을 경우, 그는 소 값의 1/2을 주인에게 지불해야 한다.

[제36조] 만일 어떤 사람이 소를 빌렸는데 그 소의 뿔을 부러뜨렸을 경우, 그는 소 값의 1/4을 주인에게 지불해야 한다.

[제37조] 만일 어떤 사람이 소를 빌렸는데 그 소의 꼬리를 다치게 했을 경우, 그는 소 값의 1/4을 주인에게 지불해야 한다.

[제38조 첫째 단][8)] 만일 그가 [소의] 뿔을 [부러뜨렸을] 경우, 그는 소 값의 1/3을 주인에게 지불해야 한다.

[제38조 둘째 단] 만일 [그가] 소의 눈을 [다치게] 했을 경우, [그는] [소 값의] 1/2을 주인에게 지불해야 한다.

---

7) "어떤 남자가 아내를 맞이하여 동침한 다음에 그 여자가 미워지자, 그 여자에게 터무니없는 비방을 하며, '내가 이 여자를 맞아 가까이하여 보았더니 처녀가 아니었다.' 하고 누명을 씌울 경우, 그 젊은 여자의 아버지와 어머니는 젊은 여자의 처녀성을 증명하는 물증을 성문으로 그 성읍의 원로들에게 가지고 나간 다음, 젊은 여자의 아버지가 원로들에게 이렇게 말해야 한다. '내가 나의 딸을 이 남자에게 아내로 주었는데 그가 내 딸을 미워하여, 남의 입에 오르내릴 일을 꾸며 내어서, '당신 딸이 처녀가 아닙니다.' 하면서 소문을 퍼뜨리고 있습니다.' … 그러면 그 성읍의 원로들은 그 남자를 붙잡아서 벌을 주어야 한다. 원로들은 그에게서 은 백 세켈을 벌금으로 받아, 그 젊은 여자의 아버지에게 주어야 한다"(신명 22,13-19).

8) 제38조부터는 흔적만 있어 정확한 내용은 알 수 없으나, 제35, 36조와 연관된 내용일 것으로 추정한다. 편의상 단 순으로 소개한다.

만일 [그가] 소의 …를 [다치게] 했을 경우, [그는] [소 값의] 1/4을 주인에게 지불해야 한다.

[제38조 셋째 단] 만일 [그가] 소의 …를 [다치게] 했을 경우, [그는] [소 값의] 1/4을 주인에게 지불해야 한다.

만일 소가 강을 건너다가 죽게 되었을 경우, 그는 주인에게 소 값 전부를 배상해야 한다.

만일 소가 갇혀 있는데 사자가 공격해서 소를 죽였을 경우, 그는 소 값을 [배상하지] 않아도 된다. …

결 언

우투Utu의[9] 이러한 [말]에 나는 수메르와 아카드에 정의로운 판례들을 세운다. 엔릴의 아들 나 리피트-이쉬타르는 엔릴의 명령으로 원수들과 폭력을 일삼는 자들을 무찔렀으며,[10] 눈물과 탄원의 고통 소리를 없애 공정과 정의를 빛나게 하였고, 수메르와 아카드를 편안하게 하였다. … 나는 수메르와 아카드에 정의를 세운 날 이 비문을 세웠다. 내가 세운 이 비문을 손상시키지 않고 파괴하지 않으며, 이 기록을 지우지 않고 자기 이름을 쓰지 않는 사람들은 장수와 복을 누리기를 바라노라. 그는 에쿠르Ekur에서[11] 복을 하늘까지 치켜들며, 엔릴의 빛나는 이마가 하늘에서 그를 향하여 비추기를 바라노라. (그러나) 내가 세운 업적을 손상시키고 이 비문을 파괴하거나 (또는) 이 비문을 창고로 옮기거나 비문이 서 있는 장소를 옮기거나 기록을 지우고 그 위에 자기 이름을 써 넣거나, (또는)

9) '우투'는 태양신이다.

10) *TUAT*은 '입 안으로 다시 되돌렸다'로 번역하고 있다.

11) 수메르어 '에쿠르'는 '산에 있는 집'이란 뜻으로, 니푸르의 엔릴 신전이었으며 수메르의 중앙 성소였다.

[이 저주 때문에] 다른 사람을 시켜 이를 행하게 하는 자에게는, 그가 [임금이거나], [엔En-사제]일지라도 … 소멸[되기를 바라노라]. 그가 그의 [집]으로 들어간다 하더라도, 그의 … 없게 될 것이다.[12] 풍[요의 주]이신 아쉬난Aschnan과 수무칸Sumuqan이 그에게서 달아나기를 바라노라. 또한 그가 선물로 … 취한 것을 취소하기를 바라노라. 하늘과 땅의 심판관이신 우투가 … 그에게서 달아나기를 [바라노라]. … … 그 도성의 기초는 폐허가 되리라. 그 땅의 기초는 흔들리고 임금은 끊어지기를 바라노라. [엔릴의 아들인] 강한 [용]사인 니누르타Ninurta는[13] ….[14]

12) 후손을 볼 수 없다는 뜻일 수 있다.

13) '니누르타'는 수메르어로 '땅의 주인'으로서 엔키의 아들이다. 본디 식물의 신이었으나 나중에는 전쟁의 신으로 자주 등장한다.

14) 다음의 내용은 잘려나가 남아 있지 않다.

고대 근동 법전과 구약성경의 법

III. 아카드어 법전

3. 에쉬눈나 법전

해제

우르-남무 법전과 리피트-이쉬타르 법전이 수메르어로 서술된 법전이라면, 에쉬눈나 법전, 함무라비 법전, 중기 아시리아 법전, 신바빌로니아 법전은 아카드어로 서술된 법전이다.

에쉬눈나 법전Codex Eschnunna(CE)은 1945-1947년에 이라크의 텔 아부 하르멜Tell Abu Harmel(바그다드 근처, 옛 지명은 샤두품Schaduppumm)에서 발굴되었다. 법전이 발견된 샤두품은 에쉬눈나 왕국의 한 지역이다. 에쉬눈나는 기원전 2000년경이 최고 중흥기였다. 한동안 이 법전을 에쉬눈나의 빌랄라마Bilalama 임금(기원전 20세기)과 연결하여 그 형성 시기를 기원전 1920년경으로 추정하였으나, 연구 결과 함무라비 법전보다 약간 오래된 것으로 에쉬눈나의 다두샤Daduscha(기원전 1815-1780년) 시기에 편찬된 것으로 보인다. 아카드어로 기록한 가장 오래된 법전이라는 점에서 더욱 가치가 있다. 현재 이 문헌은 이라크의 바그다드 박물관에서 볼 수 있다.[1]

에쉬눈나 법전은 다른 고대 법전들처럼 체계적이거나 주제별로 기록되지는 않아 현대 법들의 체계성을 기대할 수는 없다. 그러나 의외로 상세하며 임금 문제나 보상 문제들을 치밀하게 다루어 해결하려 하였다.

1) *TUAT* I/1, 32.

현재 60개 조항만이 보존되어 있고, 서언과 결언은 거의 훼손되었다.

먼저 가격 규정과 임대료 지불, 노동에 따른 임금 지불 등으로 시작하는데, 보리나 은으로 지불하도록 규정하였다. 부부 문제와 주로 혼인계약과 관련하여 신부몸값 등을 상세하게 다루었다. 부부법 가운데 두 조항은 사형에 처하는 경우를 소개한다(제26, 28조). 또한 이혼 규정도 있다(제59조). 법전 제42-47조는 여러 가지 경우의 신체 상해에 관한 보상을 규정하였다. 이 모든 규정들은 임금이 수행해야 할 의무이다. 내용 구성은 다음과 같다.

서언
제1-14조: 가격과 품삯과 배상에 관한 조항
제15조: 종의 소유에 관한 조항
제16조: 유산에 관한 조항
제17-18조: 신부몸값에 관한 조항
제19-25조: 임대와 상거래, 저당에 관한 조항
제26-30조: 혼인에 관한 조항
제31-47조: 배상과 보상에 관한 조항
제48-52조: 재판시 선고에 관한 조항
제53-58조: 배상과 보상에 관한 조항
제59조: 상속에 관한 조항
제60조: 근무태만으로 생긴 일의 배상에 관한 조항

서 언

아다르Adar 달[2] 21일 엔릴의[3] [명령이 있던 해], 니나주Ninazu는 에쉬눈나의 임금 다두샤Daduscha에게 명하였다. 그는 아버지 집에서 나와 수푸르-샤마쉬Supur-Schamasch와[4] 티그리스 강 건너편의 [아슈타발라Aschtabala]를[5] 한 해만에 강한 무기로 점령하였다.

법조항

[제1조] 보리 1코르의[6] 값은 은 1세켈이고, 고운 기름 3카Qa의 값은 은 1세켈, 기름 1세아Seah와 2카의 값은 은 1세켈, 돼지 굳기름 1세아와 5카의 값은 은 1세켈, 강의 기름[7] 4세아의 값은 은 1세켈, 양모 6미나의 값은 은 1세켈, 소금 2코르의 값은 은 1세켈, [소금 성분이 있는 것] 1코르의 값은 은 1세켈, 구리 3미나의 값은 은 1세켈, 가공된 구리 2미나의 값은 은 1세켈이다.

[제2조] 기름 1카는 보리 3카에 상응하고, 돼지 굳기름 1카는 보리 2세아와 5카에 상응하며, 강의 기름 1카는 보리 8카에 상응한다.

---

2) 1월 또는 2월.

3) '엔릴'은 하늘과 땅의 신이며 수메르 만신전의 최고신이다. 에쉬눈나에서는 엔릴의 아들 니나주를 숭배하였다. 본디 '니나주'는 질병을 고치는 신으로 지하세계에 속한다.

4) '수푸르-샤마쉬'의 정확한 위치는 확실하지 않다.

5) '아슈타발라'의 정확한 위치는 확실하지 않다.

6) 1코르(약 300리터) = 5셰펠(1셰펠 = 약 60리터 = 6세아) = 30세아(1세아 = 약 10리터 = 10실라/카) = 300실라(1실라/카 = 약 1리터). 수메르어 1실라는 아카드어 1카Qa와 같다.

7) '강의 기름'은 등잔을 켜는 기름을 가리킬 수 있다.

[제3조] 황소가 끄는 짐차와 그것을 모는 일꾼을 빌리는 값은 보리 1 셰펠과 4세아다. 은으로는 1/3세켈을 (지불)해야 한다. 은을 지불한 자는 그 값으로 [짐차를] 하루 빌릴 수 있다.

[제4조] 1코르짜리 배를 (빌리는) 삯은 2카이고, 1/3카는 선원을 빌리는 삯이다.[8] 그는 하루 동안 (배를) 빌릴 수 있다.

[제5조] 만일 선원이 부주의하여 배가 바다에 침몰하였을 경우, 선원은 자신이 침몰시킨 모든 것을 배상해야 한다.

[제6조] 만일 한 시민이 부당한 방법으로 자기 것이 아닌 배를 가져갔을 경우, 그는 은 10세켈을 배 주인에게 지불해야 한다.

[제7조] 보리 2세아는 풀 베는 사람의 하루 품삯이다. 만일 돈으로 (지불할) 경우 그 값은 12셰še다.[9]

[제8조] 보리 1세아는 키질하는 자의 하루 품삯이다.

[제9조] 만일 한 시민이 추수를 하려고 일꾼을 사서 은 1세켈을 지불했는데, 이 일꾼이 시민을 위해 추수를 하지 않을 경우, 일꾼은 시민에게 은 10세켈을 지불해야 한다.

[제9ㄱ조] 1세아와 5카는 낫 한 자루 임대료이며, … 주인에게 본래 상태로 돌려주어야 한다.

[제10조] 보리 1세아는 나귀를 하루 빌린 값이다. 그리고 보리 1세아는 나귀를 모는 사람의 하루 품삯이다. 그는 하루 동안 (나귀)를 몰며 일한다.

[제11조] 임시 고용한 머슴의 값은 은 1세켈이고, 보리 1셰펠은 그의 숙식비다. 일꾼은 그 대가로 한 달 동안 (일해야 한다).

[제12조] 한 시민이 궁에 속한 이의 갈아놓은 보리를 대낮에 훔치다가 잡혔을 경우, 그는 은 10세켈을 밭주인에게 지불해야 한다. 밤에 훔치

---

8) 제3조까지는 은과 보리로 계산하다가 제4조에서는 카로 계산한다.

9) 1탈렌트(약 30kg) = 60미나(1미나 = 약 0.5kg = 60세켈) = 3600세켈(1세켈 = 약 8.33g = 180셰) = 648,000셰(아카드어는 우테투uṭṭetu = 약 0.05g)

다가 잡혔을 경우, 그는 죽이고 살려 두어서는 안 된다.[10)]

[제13조] 한 시민이 궁에 속한 이의 집에서 나무를 훔치다가 잡혔을 경우, 그는 은 10세켈을 지불해야 한다. 밤에 훔치다가 잡혔을 경우, 그는 죽이고 살려 두어서는 안 된다.

[제14조] 겉옷의 값이 은 5세켈일 경우, 겉옷을 가공하여 만드는 이의 하루 품삯은 은 1세켈이다. 겉옷이 은 10세켈일 경우, 그의 하루 품삯은 은 2세켈이다.

[제15조] 상인이나 술집 여주인은 남종이나 여종의 손에서 돈이나 보리, 양모 그리고 그 밖의 것들을 빼앗아서는 안 된다.

[제16조] 아직 유산을 받지 않은 한 시민의 아들에게 선대先貸해 주어서는 안 된다.

[제17조] 만일 한 시민의 아들이 장인의 집에 신부몸값을 주었는데 (신랑)이나 (신부)가 죽었을 경우, 그 신부몸값은 되돌려 주어야 한다.

[제18조] 만일 그가 그 여자와 혼인하여 여자가 그의 집으로 들어온 뒤에 신랑이나 신부가 죽었을 경우, (신랑)은 (장인)에게 준 것을 되돌려 받을 수는 없지만 그것에서 불어난 것은 받을 수 있다. 곧 1세켈에 1/6(세켈)과 6셰를 이자로 받을 수 있고, 1코르에 보리 1셰펠과 4세아를 이자로 받을 수 있다.

[제19조] 한 시민이 같은 신분의 사람에게 (보리)를 주어야 한다면, (채권자)는 타작마당의 (보리를) 가져가야 한다.

[제20조] 만일 한 시민이 보리를 … 빌려 주고 보리를 현금으로 바꾸려 한다면, 그는 추수 때에 보리와 그 이자, 곧 코르마다 1셰펠과 4세아를 가질 수 있다.

---

10) "도둑이 집을 뚫고 들어가다 들켜서 맞아 죽었으면, 살인죄가 되지 않는다. 그러나 해가 이미 떠오른 다음에는 살인죄가 된다"(탈출 22,1-2).

[제21조] 만일 한 시민이 그전에 돈과 이자를 주었을 경우, 1/6세켈과 [6세]를 줄 수 있다.

[제22조] 만일 한 시민이 (다른) 시민에게 어떤 요구도 하지 않았는데 (그럼에도) 이 시민의 여종을 저당 잡았을 경우, 이 여종의 주인이 "당신은 나에게 아무런 요구도 하지 않았다"라고 신께 맹세하면, 여종을 저당 잡은 시민은 여종을 빌린 값을 여종 주인에게 지불해야 한다.

[제23조] 만일 한 시민이 (다른) 시민에게 어떤 요구도 하지 않았는데 (그럼에도) 이 시민의 여종을 저당 잡아 그의 집에서 여종이 죽었을 경우, 저당 잡은 이는 여종 주인에게 여종 둘을 배상해야 한다.

[제24조] 만일 한 시민이 다른 시민에게 어떤 요구도 하지 않았는데 (그럼에도) 궁에 속한 이의 부인이나 궁에 속한 이의 아들을 저당 잡았을 경우, 저당 잡은 이가 그를 자기 집으로 데려가 그가 죽게 되었다면 저당 잡은 이는 교수형에 처해야 한다. 곧 저당 잡은 이는 저당 잡은 일로 죽어야 한다.

[제25조] 만일 한 시민이 (장래) 장인이 불러 그의 집에 갔는데 (장래) 장인이 … 자기 딸을 [다른 사람에게] 주었을 경우, 여자의 아버지는 시민이 지불한 것의 두 배를 지불해야 한다.

[제26조] 만일 한 시민이 (다른) 시민의 딸을 위해 신부몸값을 주었으나 다른 시민이 그 여자의 아버지나 어머니에게 묻지도 않고 그 여자를 납치해 도망쳤을 경우, 그는 교수형에 처한다.

[제27조] 만일 한 시민이 (다른) 시민의 딸과 혼인했으나 (그 여자의) 아버지나 어머니에게 묻지도 않았고 아버지와 어머니가 혼인잔치에 참석하지 않았으며 혼인계약서를 작성하지 않았을 경우, 그 여자가 그의 집에 일 년이나 살았을지라도 그 여자는 그의 부인이 아니다.

[제28조] 만일 한 시민이 그 여자의 아버지, 어머니와 혼인계약서를 작성하고 혼인잔치를 치르고 혼인했을 경우, 그 여자는 그 시민의 부인이다. 그런데 만일 그 여자를 (다른) 시민이 납치해서 강간했을 경우, 그

여자를 훔친 자는 반드시 죽이고 살려 두어서는 안 된다.[11)]

[제29조] 만일 한 시민이 어떤 공격이나 정찰 중에 포로로 잡히거나 납치를 당해 타국에 오래 머무는 동안, (그런 뒤) 다른 사람이 그 남자의 부인과 혼인하여 아들을 낳았는데 그 시민이 고향으로 돌아왔을 경우, 그 시민은 그 여자를 다시 부인으로 맞아들일 수 있다.

[제30조] 만일 한 시민이 그 성읍과 주인의 부당한 행동으로 그 성읍에서 도망친 뒤 자기 부인이 다른 남자와 혼인했을 경우, 그 시민은 고향에 돌아와서 자기 부인을 다시 요구할 수 없다.

[제31조] 만일 한 시민이 (다른) 시민의 여종을 욕보였을 경우, 그는 은 1/3미나를 지불해야 하고, 그 여종은 자기 주인 소유로 남는다.

[제32조] 만일 한 시민이 자기 아들을 조용히 양육하라고 다른 사람에게 보내고는 3년 동안이나 자기 아들의 양육을 위한 보리, 기름, 양모 등을 공급하지 않았을 경우, 그는 자기 아들의 양육을 맡은 이에게 은 10미나를 지불해야 하고 그 아들을 집으로 데려와야 한다.

[제33조] 만일 여종이 사기로 자기 아들을 한 여자 시민에게 주었고 그 아들이 성장한 뒤 그 여자 시민의 남편이 그 사실을 규명했을 경우, 그 여종은 아들을 데려와야 한다.[12)]

[제34조] 만일 궁에 속한 여종이 자기 아들이나 딸을 궁에 속한 이에게 양육해 달라고 맡겼을 경우, 궁에 속한 이는 여종의 아들이나 딸을 여종에게 되돌려 줄 수 있다.

[제35조] 궁에 속한 여종의 아들을 양자로 삼은 이는 대신 그만한 아이를 궁에 제공해야 한다.

---

11) "사람을 유괴한 자는 그 사람을 팔았든 데리고 있든 사형을 받아야 한다" (탈출 21,16).

12) 짐작컨대 여종이 자기 아들을 주인의 아들이라고 속여 주인 여자가 아들을 키우게 한 사례를 말하는 것 같다.

[제36조] 만일 한 시민이 자기 재산을 다른 시민에게 맡겼는데, 맡은 이의 집 안쪽 문이 떨어지지 않고 창문이 부서지지 않았는데도 도둑이 들어 맡은 재산을 도둑맞았을 경우, 그는 (재산을 맡긴 사람에게) 재산을 돌려주어야 한다.

[제37조] 만일 그 시민의 집에 도둑이 들어 그에게 맡긴 재산과 그의 재산이 함께 도둑을 맞았을 경우, 집 주인은 티슈팍Tischpak 성전에서 신께 다음과 같이 맹세한다. "당신의 재산이나 나의 재산이 도둑맞은 것을 두고 나는 사기나 거짓말을 하지 않는다." 이렇게 맹세한 뒤에는 그에게 어떤 손해배상도 요구해서는 안 된다.[13]

[제38조] 만일 형제들 가운데 한 사람이 자신의 몫을 팔려고 하고 그의 형제가 그것을 사려고 할 경우, 그는 … 다른 것을 채워 주어야 한다.

[제39조] 만일 한 시민이 경제적으로 어려워 자기 집을 팔았을 경우, 그 집을 산 사람은 시민이 빚을 갚고 경제적으로 좋아져 다시 사겠다고 하면 본 주인에게 돌려주어야 한다.

[제40조] 만일 한 시민이 남종, 여종, 소 또는 어떤 물건 등을 샀는데 그것을 판 자가 그것을 확인해 주지 않을 경우, 이 물건을 산 사람은 도둑으로 간주한다.[14]

[제41조] 만일 한 귀족이나 시민 또는 아는 사람이 자기 맥주를 팔려고 할 경우, 술 파는 집의 여자는 그들에게서 정상가격으로 (사들여) 팔아야 한다.

[제42조] 만일 한 시민이 (다른) 시민의 코를 물어 코가 떨어져 나갔을 경우, 그는 은 1미나를 지불해야 한다. 눈 한쪽에 은 1미나, 이 하나에 은

---

13) "맡았던 이가 이웃의 물건에 손을 대지 않았다는 것을 주님 앞에서 맹세하여, 두 사람 사이의 시비를 가려야 한다. 그러면 임자는 그것을 받아들이고, 상대방은 배상하지 않는다"(탈출 22,10).

14) 이것은 물건을 사고팔 때 증명서가 있어야 한다는 말이다. 증명서 없이 물건을 샀을 경우 도둑으로 몰릴 수 있다.

1/2미나를 지불해야 한다. 귀 한쪽에는 은 1/2미나, 뺨을 때렸을 경우에는 은 10세켈을 지불해야 한다.[15)]

[제43조] 만일 한 시민이 (다른) 시민의 손가락을 잘랐을 경우, 그는 은 2/3미나를 지불해야 한다.

[제44조] 만일 한 시민이 (다른) 시민을 거리에서 때려 땅에 내동댕이쳐 팔이 부러졌을 경우, 그는 은 1/2미나를 지불해야 한다.

[제45조] 만일 다른 이의 다리를 부러뜨렸을 경우, 그는 은 1/2미나를 지불해야 한다.

[제46조] 만일 한 시민이 (다른) 시민을 때려 … 부러뜨렸을 경우, 그는 은 2/3미나를 지불해야 한다.

[제47조] 만일 한 시민이 싸우다가 (다른) 시민의 (피부가) 까졌을 경우, 그는 은 10세켈을 지불해야 한다.

[제48조] 법정소송의 경우 판사가 은 1/3미나에서 은 1미나를 판결하는 것은 합법이다. 교수형에 관한 한 임금이 판결한다.

[제49조][16)] 만일 한 시민이 훔친 남종이나 훔친 여종과 함께 잡혔을 경우, 남종과 또 다른 남종 그리고 여종과 또 다른 여종을 데려갈 수 있다.

[제50조] 만일 지역을 지킬 임무를 맡은 이가 궁이나 궁에 속한 이의 도망친 남종이나 여종, 달아난 소 또는 달아난 나귀를 잡고도 에쉬눈나

---

15) 이 법조항은 우르-남무 법전(제18-22조)에서는 본 법전과 같이 배상법으로 서술하고 있지만 함무라비 법전(제196-214조)에서는 배상과 더불어 동태복수법 두 가지로 서술하고 있다. 한편 탈출 21,22-23은 “사람들이 서로 싸우다 임신한 여자와 부딪쳤을 경우, 그 여자가 유산만 하고 다른 해가 없으면, 가해자는 그 여자의 남편이 요구하는 대로 벌금형을 받아야 한다. 그는 재판관을 통해서 벌금을 치른다. 그러나 다른 해가 뒤따르게 되면, 목숨은 목숨으로 갚아야 하고, 눈은 눈으로, 이는 이로, 손은 손으로, 발은 발로, 화상은 화상으로, 상처는 상처로, 멍은 멍으로 갚아야 한다”고 규정한다.

16) 제49-50조는 함무라비 법전 제17-19조와 비교된다.

로 돌려주지 않고 자기 집으로 데려가 한 달 이상 침묵할 경우, 궁(임금)은 그를 절도죄로 감옥에 가두어야 한다.

[제51조] 에쉬눈나의 남종이나 여종이 … 족쇄나 종 표식이 보이지 않을 경우, 그 주인의 허락 없이는 에쉬눈나 성 밖으로 나가서는 안 된다.

[제52조] 외국 사절의 보호 아래 에쉬눈나의 성문을 지난 남종이나 여종은, 족쇄나 종 표식 …, 그리고 주인이 볼 수 있는 곳에 있어야 한다.

[제53조] 만일 소가 (다른) 소를 받아 죽게 하였을 경우, 두 소의 주인은 살아 있는 소를 팔아서 나누어 가지고 죽은 소도 나누어 가진다.[17)]

[제54조] 만일 소가 받는 버릇이 있고 사람들에게서 이 사실을 들었음에도 이 소를 관리하지 않아 한 시민을 받아 죽게 하였을 경우, 소 주인은 은 2/3미나를 유족에게 지불해야 한다.

[제55조] 만일 남종을 밀쳐서 다치게 했을 경우, 그는 은 15세켈을 지불해야 한다.

[제56조] 만일 개가 평소에 미쳐 날뛰는 버릇이 있어 이를 두고 공적으로 주인에게 알려 주었는데도 그 주인이 미쳐 날뛰는 개를 잡도리하지 않아 (그 개가) 한 시민을 물어서 죽게 했을 경우, 개 주인은 은 2/3미나를 지불해야 한다.[18)]

---

17) "어떤 사람의 소가 이웃의 소를 받아서 죽게 하였을 경우, 살아 있는 소를 팔아서 그 돈을 나누어 가지고, 죽은 소도 나누어 가진다. 그러나 그 소가 예전부터 받는 버릇이 있다는 사실이 알려졌는데도, 그 주인이 그것을 잡도리하지 않았다면, 소는 소로 배상하고 죽은 소는 자기가 차지한다"(탈출 21,35-36).

18) "소가 남자나 여자를 뿔로 받아서 그가 죽었을 경우, 그 소는 돌에 맞아 죽어야 한다. 그 고기를 먹어서는 안 된다. 이 경우 소 임자는 벌을 받지 않는다. 그러나 그 소가 예전부터 받는 버릇이 있어, 그 주인이 경고를 받고도 그것을 잡도리하지 않아 남자나 여자를 죽였으면, 소가 돌에 맞아 죽어야 할 뿐만 아니라, 주인도 사형을 받아야 한다"(탈출 21,28-30).

[제57조] 만일 개가 종을 물어서 종이 죽었을 경우, 그는 은 15세켈을 지불해야 한다.

[제58조] 만일 벽이 낡아서 수리할 필요가 있어 그 사실을 공적으로 주인에게 알려 주었는데도 그 주인이 벽을 제대로 수리하지 않아 시민을 죽게 하였을 경우, 임금의 규정에 따라 그 주인을 교수형에 처한다.

[제59조] 만일 한 시민이 아이가 자란 뒤 부인과 이혼하고 다른 여자와 혼인했을 경우, 그는 자기 집과 재산을 놔둔 채로 나와 사랑하는 여자에게 가도록 한다. 그의 (첫째) 부인이 그의 집을 상속받는다.

[제60조] 만일 문지기가 [집의] 망을 보다가 부주의하여 [집에] 도둑이 [들었을] 경우, 사람들은 도둑 든 집의 문지기를 … 죽인다. 그는 … 없이 도둑 든 집 옆에 매장해서는 안 된다.

4. 함무라비 법전

해 제

함무라비 법전Codex Hammurabi(CH)은 고대 근동 법전 가운데 최고점이라 할 수 있다. 고대 근동에서 가장 오래된 법전이 아닌데도 그동안 고대 근동의 가장 중요한 법전으로 평가받아 왔다.

함무라비 법전은 결코 우연히 만들어진 것이 아니다. 이 법전의 형성에 전제가 되는 사건이 있었다. 바빌론 임금 함무라비는 이 법전으로 유명해졌는데, 법전 탄생의 배경은 바빌론 지역의 통일과 관련이 있다. 먼저 바빌론의 역사를 간단히 소개한다.

① 역사

함무라비는 기원전 1792년 아버지 신무발릿Sinmuballiṭ(기원전 1812-1793년)의 후계자로 왕위에 오르지만 그때까지만 해도 바빌론은 그다지 알려진 국가가 아니었다. 그저 메소포타미아 지역의 수많은 도시국가나 군소국가 가운데 하나에 지나지 않았다. 함무라비는 이른바 고대 바빌로니아의 여섯째 임금으로서, 그의 왕조는 기원전 1830년에 바빌론에 뿌리를 내려 같은 세기에 하나의 왕조로 작은 국가를 형성하였다. 함무라비 임금의 가장 큰 과제는 주변 국가와의 관계에서 외교적으로나 군사적으로 앞서

가는 강한 국가를 만드는 것이었다. 함무라비는 자신의 재위시기에 이 목적을 이룬다. 함무라비가 등극하자 남쪽의 라르사Larsa와 북쪽의 아시리아가 그의 왕조를 인정해 주었다. 기원전 18세기 북쪽 아시리아의 전성기 샴쉬아닷Schamschiadad(기원전 1808-1776년) 1세 임금 때에 함무라비는 소극적 외교로 대응하는데, 이는 그가 정복의 기회를 찾는 중이었기 때문이다. 그는 등극 초기에 경제 · 문화 · 사회적 측면에 관심을 쏟았다. 그래서 제국의 내적 질서를 다지기 위해 법전 만들 생각을 했을 수도 있다.

재위 일곱째 해에는 주변 국가들과 충돌이 있었다. 그는 아시리아 임금 샴쉬아닷이 죽은 뒤에 마리 임금 짐릴림Zimrilim(기원전 1776-1762년)과 계약을 체결하고 메소포타미아의 남쪽과 중부 지역을 지배할 토대를 마련하고는, 마침내 재위 30-33년경에 두 강 유역을 다스리는 큰 제국을 건설하기에 이른다. 이는 곧 남쪽의 라르사와 북쪽의 에쉬눈나의 멸망을 의미하는 것이기도 하다. 이렇게 함무라비가 메소포타미아의 통치자가 된 것은 재위 31년째의 일이다. 대제국을 건설한 함무라비는 남쪽 페르시아만에서 북쪽 쿠르드 지역에 이르는 전 메소포타미아 지역을 통일하여 '수메르와 아카드'의 임금이라 불리게 되었다.

그러나 함무라비의 대제국은 그리 오래가지 못하였다. 이미 그의 아들 삼수일루나Samsuiluna 때에 대제국이 해체되기 시작하였다. 바빌론의 왕조는 함무라비 이후 다섯 임금이 더 있었는데, 함무라비 말고는 알려진 임금이 없다.

한편 함무라비는 재위 말년에 제국 안팎을 견고히 다지기 위해 법전을 편찬하였다. 메소포타미아 일대를 통일한 뒤 그 넓은 지역을 통제할 통일된 법이 절실히 필요하다고 느꼈기 때문일 것이다. 그러나 법전 편찬 작업이 지금 우리가 생각하는 것처럼 그리 크게 진행된 일도 아니었고, 처음부터 큰 역할을 한 것도 아니었을 것이다. 그러나 이것이 제국의 여러 국가들을 통치하고 질서를 유지하는 데 근간이 된 것은 사실이다. 이 법전은 함무라비 통치 말년에 공식적으로 편찬되었다. 법전은 함무라비를 이상적 임금으로서 '태양이 백성을 위해 떠오르고 땅을 비추는 것처럼, 올바른 판결과 땅에 정의를 이루는 자'이며 약자를 보호하는 이로 묘사하고 있다. 이 법전은 함무라비 통치 내내 만들어져 사회 질서를 잡아가는 데 토대가 되었던 듯하다. 법전은 그의 재위 39년째에 공포된 것으로 보인다.

② 법전의 발굴과 그 형태

1902/3년 프랑스 학자들이 수사에서 함무라비 법전을 발굴했는데, 그 내용은 서언과 결언, 그리고 법률 282개 조항으로 구성되어 있다. 함무라비 법전은 그 길이가 2.25미터나 되는 섬록암 기둥으로, 현재 파리의 루브르 박물관에 그 원형이 소장되어 있다.

법전이 새겨진 섬록암의 윗부분은 부조浮彫로서 태양신 샤마쉬가 함무라비에게 법을 수여하는 장면이다. 태양신 샤미쉬는 법의 기원과 관련된 신으로 보인다.

고대 근동의 여느 법전처럼 함무라비 법전 역시 서언과 결언을 담고 있다. 이것은 아름다운 시 한편과도 같아, 아마도 법전을 만든 사람의 솜씨라기보다는 왕실 시인의 작품으로 보는 것이 나을 것이다. 서언에서 함무라비는 중요한 신의 이름을 하나하나 들면서, 그 신들이 자신에게 법을 집행하는 일을 맡겼다고 서술한다. 특히 바빌론의 마르둑 신과 모든 법의 수호자요 압제받는 이의 보호자인 샤마쉬 신이 등장하는 것이 두드러진 특징이다. 또한 함무라비에 관한 여러 암시 가운데 특별 칭호로서 임금을 '목자'로 묘사한 것은 예사롭지 않은 의미로 해석된다. 결언에는 임금에게 주는 짧은 축복의 말과 더불어 법을 준수하지 않는 자들에게 내릴 저주의 말을 담고 있다.

③ 구성

서언

공적 질서

제1–5조: 공정한 재판에 관한 조항

제6–25조: 절도에 관한 조항

제26–41조: 의무 규정

민사 규정

제42–58조: 밭 임대에 관한 조항

제59–66조: 과수원 임대에 관한 조항

제67–69조: 주택 임대에 관한 조항

제70–107조: 돈을 빌리고 갚는 것에 관한 조항

제108–111조: 주류소매업자에 관한 조항

제112–126조: 금전과 물품의 대부에 관한 조항

제127–149조: 혼인에 관한 조항

제150–152조: 여자가 받는 상속에 관한 조항

제153–158조: 간음에 관한 조항

제159–161조: 약혼에 관한 조항

제162–195조: 상속에 관한 조항

제196–214조: 신체 상해에 관한 조항

제215–227조: 의사, 수의사, 이발사 등에 관한 조항

제228–233조: 집 건축에 관한 조항

제234–240조: 배 건축에 관한 조항

제241–277조: 가격과 임금에 관한 조항

제278–282조: 종에 관한 조항

결언

서 언

아눈나쿠Anunnaku의[1] 임금인 고귀한 아누Anu와[2] 하늘과 땅의 주인이며 나라의 운명을 결정하는 분이신 엔릴Enlil은,[3] 에아Ea의[4] 장자인 마르둑Marduk으로[5] 하여금 모든 사람들의 운명을 결정하도록 하고 그를 이기구Igigu[6] 가운데 위대하게 만들며, 자기의 고상한 이름과 함께 바빌론을 언급하여 그곳을 세상에서 최고로 만들고, 그 가운데 하늘과 땅과 같이 확고한 기초를 가진 영원한 왕권을 그에게 만들어 주었다.

당시에 신실한 영주이며 신들을 경외하는 나 함무라비가 정의를 이 땅에 세워 악한 자들과 사악한 자들을 없애고 약자들이 강자에게서 상해를 입지 않도록 태양신과 같이 사람들 위에 떠올라 국가를 밝히도록, 아누와 엔릴은 사람들을 잘 살게 하도록 나의 이름을 불렀다.

엔릴이 부른 목자 나 함무라비는, 부와 풍요를 이루고 모든 니푸르-두란키Nippur-Duranki의 사람들에게 풍요를 제공하는 에쿠르Ekur의[7] 신실한 보호자이며,

(나는) 용감한 임금으로서 에리두Eridu를[8] 새로 건설하고 에아브주

---

1) 여기에서 '아눈나쿠'는 '하늘과 땅의 모든 신들'로 이해할 수 있다.

2) 하늘의 신 '아누'는 공식적으로 판테온에서 신들의 아버지로 추측된다. 수메르어로는 '안'이라 불린다.

3) '엔릴'은 하늘과 땅의 신으로, 아누의 아들이고 실질적으로 주신이라 할 수 있다. 수메르어로는 '엘릴'이다.

4) '에아'는 수메르에서는 '엔키'로 불리고 지혜의 신이며 맹세의 신이다. 그의 지배영역은 땅 밑의 담수지역이다.

5) '마르둑'은 바빌론 도시의 신이다.

6) '이기구'는 하늘의 위대한 신이다.

7) '에쿠르'는 수메르의 '산의 집'으로서 니푸르에 있는 엔릴의 신전이다.

8) '에리두'는 바빌로니아의 최남단 도시이며 에아의 제의장소이다.

Eabzu의[9] 제의를 정화한 이며,

(나는) 사방(세상)을 공략하는 이로서 바빌론의 이름을 위대하게 만들고 임금의 주인이신 마르둑을 기쁘게 하고 날마다 에사길Esagil을[10] 섬길 자이며,

(나는) 임금의 자손으로서 신Sin이[11] 창조한 우르를 번영시키고 겸손하고 기도하는 이로서 에키슈누갈Ekischnugal에[12] 풍요를 가져오게 하였으며,

(나는) 혜택받은 이 태양신에게 복종하고 힘 있는 이로서 시파르Sippar의[13] 초석을 다지고 아야Aja의[14] 높은 신전을 초록색으로 단장했으며 천상의 집과도 같은 에밥바르Ebabbar의[15] 신전을 장엄하게 만들었고,

(나는) 전사로서 라르사Larsa를[16] 용서하고 그의 조력자인 태양신을 위해 에밥바르를 새로 건축하였으며,

(나는) 주인으로서 우룩Uruk을[17] 살 수 있게 하고 주민에게 물을 충분히 공급하며 에안나Eanna의[18] 머리를 높이고 아누Anu와 이쉬타르Ischtar

---

9) '에아브주' 는 에리두에 있는 에아의 신전이다.

10) '에사길' 은 바빌론 신인 마르둑의 신전이다.

11) '신' 은 달 신이다.

12) '에키슈누갈' 은 우르에 있었던 달 신Mondgott의 신전이다.

13) '시파르' 는 오늘날의 아부 합바Abu Habba로 유프라테스 강변 바빌론 북쪽에 위치한 도시다.

14) '아야' 는 샤마쉬의 부인이다.

15) '에밥바르' 는 시파르에 있는 태양신의 신전이다.

16) '라르사' 는 오늘날의 센케레Senkere로 유프라테스 강변 우룩 남쪽에 있었던 도시다.

17) '우룩' 은 창세 10,10의 에렉Erech으로, 오늘날의 바르카Warka다. 우룩은 대도시로 바빌론 남쪽에 있었으며 아누와 이쉬타르의 제의장소이기도 하다.

18) '에안나' 는 우룩에 있었던 이쉬타르 신전이다.

를[19] 위해 추수를 풍성히 거두었고,

(나는) 피신처로서 이신의 흩어졌던 주민들을 모으고 에갈마흐Egal-mach[20] 신전을 풍성하게 하였으며,

(나는) 임금 가운데 용으로서 자바바Zababa의[21] 충실한 형제이며 키쉬Kisch 지역을[22] 확고하게 만들고 에메테우르삭Emete'ursag을[23] 빛나게 하고 이쉬타르의 큰 제의 규정을 내내 지키며 (에)쿠르삭칼라마(E)chursag-kalama[24] 신전을 보전하였고,

(나는) 원수를 잡는 그물로서 내 친구 이라Irra가[25] 소망을 이루도록 하였으며,

(나는) 쿠타Kutha를[26] 탁월하게 만들고 (에)미슐람(E)mischlam을[27] 위해 모든 것을 확장하였으며,

(나는) 사나운 야수로서 적을 무찌르고 투투Tutu가[28] 사랑하는 자로서, 보르십파Borsippa를[29] 찬양하고 신실하게 에지다Ezida를[30] 위해 끊임없이 일하였으며,

---

19) '이쉬타르'는 사랑과 전쟁의 신이다.

20) '에갈마흐'는 이신에 있었던 이쉬타르 신전이다.

21) '자바바'는 전쟁의 신이며 동시에 키쉬 성읍의 신이다.

22) '키쉬'는 오늘날의 텔 엘-오하이미르Tell el-Oheimir로 바빌론의 남동쪽에 위치한 도시다.

23) '에메테우르삭'은 키쉬에 있었던 자바바의 신전이다.

24) '에쿠르삭칼라마'는 키쉬에 있었던 이쉬타르의 신전이다.

25) '이라'는 지하세계의 신 네르갈Nergal과 연관이 있는 페스트의 신이다.

26) '쿠타'는 오늘날의 텔 이브라임Tell Ibraim으로 바빌론 북쪽에 있는 도시이며, 이라의 제의장소다.

27) '에미슐람'은 쿠타에 있는 이라 또는 네르갈의 신전이다.

28) '투투'는 보르십파의 신이며, 나중에 마르둑과 동등한 위치의 신이 된다.

29) '보르십파'는 오늘날의 비르스 님루드Birs Nimrud이며 바빌론의 남서쪽에 자리한다.

30) '에지다'는 보르십파에 있는 투투 또는 나부 신전을 가리킨다.

(나는) 지혜를 신뢰하는 임금으로서 딜바드Dilbad에[31] 경작지를 확장하고 강력한 우라쉬Urasch를[32] 위해 곡식을 저장하였고,

(나는) 군주로서 지혜로운 마마Mama가[33] 수여한 홀과 왕관을 받을 자격이 있고, 케쉬Kesch성을[34] 위한 기본 표상을 만들었고, 닌투Nintu를[35] 위해 정결한 잔치를 베풀었으며,

(나는) 명민하고 존귀한 자로서 라가쉬Lagasch와[36] 기르슈Girschu에[37] 목초지와 급수지를 배정하고 에닌누Eninnu에게[38] 큰 제물을 드리는 자이며,

(나는) 원수를 포획하는 자로서 용기 있는 여신이 총애하는 자이고, 수갈Sugal의[39] 지혜를 전적으로 이행하고 이쉬타르의 마음을 기쁘게 하였으며,

(나는) 순결한 군주로서 그의 기도는 아닷Adad이[40] 들어주고 카르카라

31) '딜바드'는 오늘날 유프라테스 근처 바빌론 지역에 있는 둘라이힘Dulaihim이다.

32) '우라쉬'는 딜바드의 신이다.

33) '마마'는 어머니 신들의 옛 이름이다.

34) '케쉬'는 아답 근처에 있는 성읍이다. '아답'은 중부 바빌로니아의 니푸르 남동쪽에 자리한다.

35) '닌투'는 어머니 신 가운데 하나다.

36) '라가쉬'는 오늘날의 알-히바Al-Hiba로, 바빌론 동쪽 국경에 근접한 도시다.

37) '기르슈'는 오늘날의 텔로Tello로, 라가쉬와 그리 멀리 떨어지지 않은 도시다.

38) '에닌누'는 기르슈에 있는 전쟁신과 사냥신인 닌기르쉬Ningirsch의 신전을 말한다.

39) '수갈'은 수메르의 자불룸Zabalum으로 아답과 기르슈 사이에 있는 오늘날의 텔 이브제크Tell Ibzech다.

40) '아닷'은 북서 셈어로는 하닷Hadad으로 날씨의 신이다.

Karkara에서[41] 영웅 아닷의 마음을 진정시켰고, 에유드갈갈E'udgalgal에서[42] 요청하는 것을 항상 공급하였으며,

(나는) 임금으로서 아답Adab에게 생명을 주고 에마흐Emach[43] 신전을 보호한 자이며,

(나는) 임금들 가운데 군주로서 전쟁에서 견줄 자가 없고 마쉬칸샤피르Maschkanschapir에[44] 생명을 주고 (에)미슐람(E)mischlam에[45] 풍부한 물을 공급하였으며,

(나는) 현인이며 행정가로서 모든 지혜에 이르러 위기에 직면한 말기우Malgiu의 주민을 구했고, 그들의 생활처소를 확고하게 만들었으며, 그의 왕권을 위대하게 한 에아와 담갈눈나Damgalnunna를 위해 항상 정한 제물을 바쳤으며,[46]

(나는) 임금들 가운데 일인자로서 창조주이신 다간Dagan의[47] 명령에 따라 유프라테스 지역을 정복하였고, 마리Mari와[48] 투툴Tuttul의[49] 백성들을 용서하였으며,

(나는) 경건한 군주로서 티슈팍Tischpak의[50] 얼굴을 밝게 하고 니나주

---

41) '카르카카' 는 날씨 신에게 제의를 바치는 제의장소이며, 장소는 정해져 있지 않았다.

42) '에유드갈갈' 은 카르카카에 있는 아닷의 신전이다.

43) '에마흐' 는 아답에 있는 어머니신 닌마흐의 신전이다.

44) '마쉬칸샤피르' 는 티그리스 강변 쿠트 알-아마라Kut al-Amara 근처에 있다.

45) '에미슐람' 은 마쉬칸샤피르의 신전이다.

46) '말기우' 는 중부 티그리스 강에 있는 에아/엔키의 제의 장소이다. 에아의 부인이 '담갈눈나' 또는 '담키나' Damkina이다.

47) '다간' 신은 중부 유프라테스 주민들이 숭배했다.

48) '마리' 는 오늘날의 텔 하리리Tell Hariri로 중부 유프라테스 강 유역 도시다.

49) '투툴' 은 중부 유프라테스 강 유역의 도시로 마리와 가깝다.

50) '티슈팍' 은 디얄라Dijala 지역에 있는 에쉬눈나 도시의 신이다.

Ninazu를[51] 위해 정화된 축제를 베풀었고, 위기에서 그의 주민[52]을 구하여, 바빌론에서 행복을 느끼게 해 주었으며,

(나는) 백성의 목자로서 그 행위는 이쉬타르Ischtar에게 좋게 여겨져, 상업도시 아카데Akkade[53] 안의 에울마쉬E'ulmasch에[54] 이쉬타르를 세웠으며,

(나는) 법을 제정하는 자로서 백성들을 바른길로 인도하고 아쑤르에 자비하신 보호의 여신을 돌아오게 하였으며,

(나는) … 침묵을 가져오게 하여 니네베에 있는 에미슈미쉬Emischmisch에서[55] 이쉬타르의 제의규정을 빛나게 한 임금이며,

(나는) 신실한 자로서 위대한 신들에게 기도하였고, 수물라일Sumulail의[56] 자손이요 신무발릿Sinmuballit의[57] 강력한 아들이자 상속자이며, 영원한 왕조의 씨앗으로 강한 임금이니, 바빌론의 태양(신)이며 수메르와 아카드에 빛을 비추는 자요, 세상을 복종시키는 임금으로 이쉬타르가 총애하는 이가 바로 나다.

마르둑Marduk이 그 땅의 백성들로 하여금 합당한 생활을 하고 그 땅에서 바른 도를 베풀라고 나에게 명령하셨을 때, 나는 정의와 공정을 이 땅에 선포하였으니, 그것은 이 땅의 백성들을 편안하게 하려는 것이다.

그때 (나는 아래의 법을 주었다.)

---

51) '니나주'는 지하세계의 신이며, 구원의 신이다. 에쉬눈나 주민들이 예배한 신이다.

52) 에쉬눈나의 주민을 가리킨다.

53) '아카데'는 아카드 왕조(기원전 2350-2170년)의 수도이다.

54) '에울마쉬'는 아카드에 있는 이쉬타르 신전이다.

55) '에미슈미쉬'는 니네베에 있는 이쉬타르의 신전이다.

56) '수물라일'은 고대 바빌로니아를 창건한 임금이다.

57) '신무발릿'은 함무라비의 아버지다.

법조항

공적 질서(제1-41조)[58]

① 제1-5조: 공정한 재판에 관한 조항

[제1조] 만일 어떤 시민이 증거도 없이 (다른) 사람에게 살인죄를 뒤집어씌웠을 경우, 살인죄를 뒤집어씌운 자는 사형에 처한다.

[제2조] 만일 어떤 시민이 (다른) 시민에게 마술을 했다고 증거도 없이 고소했을 경우, 고소당한 이는 강의 (신)에게 보내 강(의 신)에 던져진다. 만일 강의 (신)이 그를 죽였다면 고소한 이가 그의 집을 취할 것이다. 그러나 만일 강(의 신)이 그를 무죄라 판결하여 그가 살아 돌아왔다면 그는 고소에서 자유로워진다. 그러나 그가 마술을 했다고 고소한 이는 죽어야 한다. 그리고 강의 (신)에게 보내졌던 이와 그를 고소한 이의 집을 취한다.

[제3조] 만일 한 시민이 법정에서 거짓 증언을 하고 그 증거를 대지 못하였는데 그 법정의 판결이 사람의 목숨과 연관되어 있을 경우, 그 시

58) 제1-41조는 임금과 국가의 재산 보호와 의무에 대한 공적 질서를 지키는 내용을 담고 있다. 한편 제42-282조는 개별 사건을 해결하기 위한 내용이다. 이 항목들에서는 개인의 재산이나 가족과 관련하여 이를테면 혼인이라든가 상속 문제 등을 다룬다. 함무라비 법전의 첫 다섯 조항에는 원고와 증인과 재판관이 등장하며 주로 재판과 연결된다. 그러나 본 조항들은 그 내용이 조직적이라기보다는 특별한 사건들과 연결되어 나타난다. 이러한 공정한 재판 과정을 맨 처음에 둔 데에는 그럴 만한 이유가 있다. 곧 "이 땅에 공정과 정의를 구현하는 것"이 법 선포의 목적이라고 서언과 결언에서 밝혔듯이, 본문 처음부터 이 의지를 분명히 드러내고자 한 것이다. 첫 법조항은 법정에서 벌어지는 거짓 고소와 거짓 증언에 관한 내용이다.

민은 사형에 처한다.[59]

[제4조] 만일 그가 곡식이나 돈에 대한 거짓 증언을 했을 경우, 그는 이 재판의 판결에 해당하는 죗값을 치러야 한다.

[제5조] 만일 재판관이 이미 판결을 끝내고 그 판결의 이유까지 설명해 놓고는 자기가 내린 판결을 뒤집으려 했을 경우, 이 판결을 뒤집는 이유를 설명해야 한다. 그리고 피고가 지불한 소송액의 열두 배로 배상을 해야 한다. 그리고 그 재판관은 다시는 재판석에 앉아서는 안 된다.[60]

② 제6–25조: 절도에 관한 조항[61]

[제6조] 만일 한 시민이 신전의 재산이나 왕궁의 재산을 훔친 경우, 그 사람은 사형에 처한다. 또한 이 훔친 물건을 가지고 있는 자도 사형에 처한다.

---

59) 재판에서 거짓 고소와 거짓 증언에 대해서는 결코 타협이 없음을 법전의 서두에서 강하게 강조하고 있다. 거짓 고소와 거짓 증언에 대해서는 피고가 받을 뻔한 체벌로 강하게 경고하고 있다. 또한 모든 법정은 거짓 증언을 하지 못하도록 하고 있다. 이러한 내용은 함무라비 법전뿐만 아니라 리피트–이쉬타르 법전 제17조와 신명 19,16–19에도 등장한다. "악의가 있는 증인이 나서서 어떤 사람이 잘못하였다고 증언하면, 그 사건의 두 당사자는 주님 앞에, 사제들과 그때에 직무를 맡은 판관들 앞에 서야 한다. 판관들이 잘 심문한 결과, 그 증인이 거짓 증인이고 자기 동족에 대하여 거짓으로 증언한 것이 드러나면, 너희는 그가 자기 동족에게 하려고 작정하였던 것과 똑같이 그에게 해야 한다. 그래서 너희는 너희 가운데에서 악을 치워 버려야 한다"(신명 19,16–19).

60) 제5조는 매우 특별한 경우를 서술하고 있다. 또한 이미 판결이 이루어졌음을 전제하고 있다. 그런데 부가적으로 이 판결을 변경하려면(재판관이 뇌물을 받고서 변경하려는 경우일 것이다), 재판관은 벌금을 물어야 하고 다시는 재판석에 앉을 수 없다.

61) 재산을 훔친 경우를 다루는 조항들로서, 그 결과는 제8조를 제외하고는 사형이다(제8조의 궁극적인 목적은 사형이 아니라 배상이다). 이 조항들은 특별히 신전의 물건

[제7조] 만일 한 시민이 다른 시민의 손에서 은이나 금, 남종이나 여종, 소나 양 또는 염소 등을 증인이나 계약서 없이 사거나 그것을 취했을 경우, 이 사람은 도둑으로 간주한다. 그는 사형에 처한다.[62]

[제8조] 만일 한 시민이 신전이나 왕궁 관리의 황소 한 마리를 훔쳤을 경우, 훔친 가축 값의 서른 배를 벌금으로 물어야 한다. 만일 한 시민이 다른 사람의 황소 한 마리나 양 한 마리를 훔쳤을 경우, 훔친 가축 값의 열 배를 벌금으로 물어야 한다. 그러나 만일 훔친 가축에 대한 벌금을 물지 못하면 그는 사형에 처한다.[63]

과 왕궁의 물건을 보호하고, 더 나아가 왕정을 공고히 하려는 의지에서 나온 항목이라 할 수 있다. 곧 왕궁의 물건을 훔치는 것은 왕국의 존립을 위협하는 것으로 이해했던 것이다.

62) 제7조는 함무라비 당시의 상행위 지침을 잘 보여 주는 내용이다.

63) 제8조는 앞의 내용과 근본적으로 같은 내용을 담고 있다. 신전 물건을 훔친 사가 그것을 배상하지 않으면 사형으로 다스린다는 경고다. 그러나 위의 제6조와 제8조는 약간의 차이가 있다. 제6조가 신전이나 왕궁의 보호에 중점을 두었다면, 제8조는 같은 맥락이면서도 사형에 초점을 맞추기보다 배상을 무겁게 치르게 하여 신전이나 왕궁을 상대로 도둑질할 꿈도 못 꾸게 엄히 경고하려는 의도로 만들어진 법조항이라 할 수 있다. 신전이나 왕궁의 물건을 훔치면 서른 배로, 일반 시민의 물건일 경우에는 열 배로 배상해야 한다. 이렇게 배상하지 못할 경우는 제6조에 따라 사형에 처해진다. 위의 내용과 비슷한 법조항을 구약성경에서도 볼 수 있다. "어떤 사람이 소나 양을 도둑질하여 그것을 잡거나 팔았을 경우, 소 한 마리에 소 다섯 마리를, 양 한 마리에 양 네 마리를 배상해야 한다. … 도둑질한 자는 배상해야 한다. 그가 가진 것이 없으면, 제 몸을 팔아 도둑질한 것을 갚아야 한다. 도둑질한 짐승이 소든 나귀든 양이든 아직 산 채로 그의 손에 있으면, 그는 그것을 갑절로 배상해야 한다"(탈출 21,37; 22,2-3). 제8조와 성경의 법은 매우 유사하지만 그대로 인용한 것은 아니고, 두 법 사이에는 얼마간의 차이점이 있다. 함무라비 법전 제8조에서는 기본적으로 도둑에게 배상을 묻고, 배상할 능력이 없을 때에 사형에 처한다고 하는 반면에, 성경은 배상만을 요구한다. 성경은 탈출 21,16에서 "사람을 유괴한 자"일 경우에만 사형에 처한다(함무라비 법전 제14조 참조).

[제9조] 만일 한 시민이 물건을 잃어버렸는데 그 물건이 다른 사람의 손에서 발견되었을 경우, 그 물건을 산 사람이 "상인이 그것을 나에게 팔았고, 나는 증인 앞에서 그것을 샀다"면서 "그 물건이 내 것임을 아는 증인을 데려오겠다"고 말했다면, 그는 자기에게 물건을 판 자와 자신이 그것을 샀다는 것을 증명해 줄 증인을 데려와야 한다. 또한 (물건을 잃어버린) 원 주인이 자신의 물건임을 잘 아는 증인을 데려오면 재판관은 그들의 말을 잘 판단해야 한다. 물건 값을 지불한 쪽의 증인과 물건을 잃어버린 쪽의 증인 모두는 신 앞에서 맹세해야 한다. 그렇다면 물건을 판 자가 도둑이 되고 그는 사형에 처한다. 잃어버린 물건은 원 주인에게 돌려주어야 하고, 물건을 산 자는 판 자의 집에서 그가 지불한 물건 값을 되돌려 받는다.

[제10조] 만일 물건을 산 자가 자신에게 판 자와 그것을 샀다는 것을 증명할 증인을 데려오지 못했을 경우, 잃어버린 재산의 주인이 그 물건이 자신의 물건이라는 것을 입증할 증인을 데려오면, (자칭) 물건을 샀다는 자를 도둑으로 볼 수 있으며 그는 사형에 처한다. 그리고 물건의 원 주인에게 잃어버렸던 물건을 돌려준다.

[제11조] 만일 물건을 잃어버린 자가 그 물건이 자기 것임을 잘 아는 증인을 데려오지 못했을 경우, 그는 거짓말을 한 것이니 악한 행위를 한 죄로 사형에 처한다.

[제12조] 만일 판 자가 (그 사이에) 자신의 형을 면하려면, 판 자는 살 자에게 다섯 배 배상해야 한다.

[제13조] 만일 증인이 그 자리에 있지 않을 경우, 재판관은 여섯 달 동안 기다려야 한다. 만일 그가 여섯 달이 지나도 증인을 데려오지 못했을 경우, 이 시민은 거짓말을 한 것으로 간주하여 이 재판의 예상 판결 그대로 죗값을 치러야 한다.

[제14조] 만일 한 시민이 (다른) 시민의 자식을 유괴하였을 경우, 그는 사형에 처한다.[64]

[제15조] 만일 한 시민이 왕궁의 남종이나 왕궁의 여종, 왕궁에 속한 사람 무쉬케눔muschkenum의 남종이나 여종을 성문 밖으로 나가게 할 경우에는 반드시 사형에 처한다.

[제16조] 만일 한 시민이 왕궁이나 왕궁에 속한 사람에게서 도망친 종을 자기 집에 숨겨주거나 밖으로 내보내라고 요구했는데도 이를 거절했을 경우, 이 집의 주인은 반드시 사형에 처한다.[65]

[제17조] 만일 한 시민이 도주한 남종이나 여종을 들판에서 잡아서 그 주인에게 돌려주었을 경우, 그 주인은 그에게 2세켈을 주어야 한다.[66]

[제18조] 만일 이 종이 자기 주인을 대지 않았을 경우, 시민은 그를 궁으로 데려가 확인한 뒤에 시민은 그를 주인에게 돌려보내야 한다.

---

64) 제14조는 탈출 21,16; 신명 24,7과 비교할 수 있다. "사람을 유괴한 자는 그 사람을 팔았든 데리고 있든 사형을 받아야 한다"(탈출 21,16). "어떤 사람이 자기 형제인 이스라엘 자손 하나를 납치하여 혹사하거나 팔아넘긴 경우, 그 납치자는 죽어야 한다"(신명 24,7). 이것은 구약성경의 규정이 함무라비 법전의 내용을 수용하고 있다는 증서라 할 수 있다.

65) 제16조는 종이 도망쳤을 경우를 서술하는데 이 법 역시 사형과 연결되어 있다. 곧 도망친 종이 누군가의 집에서 발견되면 그 집 주인은 사형에 처한다는 것이다. 제17조는 도망친 종을 돌려보내면 포상금을 지불한다는 내용이다.

66) 한편 구약성경은 이와 관련하여 다르게 묘사하고 있다. "너희는 제 주인에게서 피신해 온 종을 주인에게 넘겨서는 안 된다. 그가 마음에 들어 선택하는 성의 한 곳에서, 너희와 함께, 너희 가운데에서 살게 하고 그를 구박해서는 안 된다"(신명 23,16-17). 이것은 관점의 차이라 할 수 있다. 함무라비 법전이 주인의 관점에서 종을 재산으로 이해하는 반면, 구약성경은 히브리 종을 함부로 대해서는 안 됨을 강조한다. 종의 도주에 관한 법은 고대 근동의 법에서 중요한 역할을 한다. 우르-남무 법전 제17조에서 이미 이 조항을 서술하고 있고, 에쉬눈나 법전 제49조에서도 이 사항을 언급하였다. 고대 근동의 여러 법에서 이러한 경우를 다루는 이유는 종 문제가 재산과 관련된 것일 뿐더러, 공동체 규정과도 연결되기 때문이다. 한편 구약성경에서 이와 다른 관점에서 이야기하는 이유는 일반적인 종에 관한 법령이 아니어서다. 신명기에서 말하는 종은 채무로 인한 종으로, 성경에서는 이들을 배려하려는 의도가 엿보인다.

[제19조] 만일 한 시민이 자기 집에 이 노예를 데리고 있다가 나중에 노예가 그 시민의 집에서 잡혔을 경우, 이 시민은 사형에 처한다.

[제20조] 만일 종이 그를 좇는 이에게서 도주하였을 경우, 이 시민은 종의 주인에게 신을 두고 맹세해야 한다. 그런 뒤에 그는 자유인이다.

[제21조] 만일 한 시민이 다른 사람의 집에서 강도질하였을 경우, 그는 사형에 처한다. 처형은 그 집 밖에서 해야 하고 처형된 자의 몸을 그 곳에 매단다.

[제22조] 한 시민이 도둑질을 하다가 잡혔을 경우, 이 시민은 사형에 처한다.

[제23조] 만일 도둑이 잡히지 않았을 경우, 도둑맞은 시민은 잃어버린 물건의 내용을 신께(성전에) 말한다. 성읍과 그 성읍의 시장은 도둑맞은 시민의 잃어버린 물건을 갚아 주어야 한다.

[제24조] 만일 살인강도일 경우, 성읍과 그 성읍의 시장은 은 1미나를 그 유가족에게 지불해야 한다.

[제25조] 만일 한 시민의 집에 불이 났는데 (이른바) 그 불을 끄러 갔다는 자가 불난 집의 가재도구를 횡령했을 경우, 이 시민은 이 횡령한 사람을 불 속에 내동댕이쳐도 된다.

③ 제26-41조: 의무 규정[67)]

[제26조] 만일 병사나 지휘관이[68)] 임금에게서 전투명령을 받았는데

67) 이 조항들에서는 병역 의무나 임금과 국가를 위해 해야 할 공적 의무를 나열하고, 그 밖의 많은 특별 규정을 서술하고 있다. 한 병사가 병역 의무를 이행하는 도중에 적에게 포로로 잡혔다가 고향으로 돌아온 경우, 그의 권리에 대해 확실하게 규정하였다.

68) 본문에는 '사냥꾼'이지만, 내용상 잘 어울리지 않는다. '지휘관'으로 이해할 수 있다.

이를 이행하지 않았거나 또는 용병을 대신 보냈을 경우, 이 병사나 지휘관은 사형에 처한다. 이 사실을 밝힌 이가 그의 집을 차지한다.

[제27조] 만일 병사나 지휘관이 임금의 궁을 지키다가 포로로 잡혔는데 자기 밭과 과수원을 다른 사람에게 맡겨 맡은 사람이 그동안 토지세를 냈을 경우, 그가 돌아왔을 때에는 그의 밭과 과수원을 돌려주어야 하고, 이제부터는 그가 토지세를 내야 한다.

[제28조] 만일 병사나 지휘관이 임금의 궁을 지키다가 포로로 잡혔는데 그에게 아들이 있어 아들이 토지세를 낼 수 있을 경우, 밭과 과수원을 아들에게 주고 아들이 아버지의 세금 의무를 행해야 한다.

[제29조] 만일 그의 아들이 어려서 아버지의 토지세를 낼 수 없을 경우, 밭과 과수원의 1/3을 그의 어머니에게 주고 어머니가 그 아들을 양육해야 한다.

[제30조] 만일 병사나 지휘관이 자신의 밭과 과수원과 집의 세금을 내지 않아 다른 이가 이 밭과 과수원과 집을 사서 3년간 세금을 냈을 경우, 전 주인이 와서 과실을 요구한다면 그는 돌려주지 않아도 된다. 이것을 사서 (세금을 낸 자가 계속해서) 세금을 낼 수 있다.

[제31조] 만일 그가 단지 1년 동안만 출타하고 다시 돌아왔을 경우, 그의 밭과 과수원과 집은 그에게 돌려주어야 하고 이제부터는 그가 (다시) 세금을 내야 한다.

[제32조] 만일 병사나 지휘관이 전쟁에서 포로로 잡혔는데 상인이 그를 사서 그가 살던 성읍으로 데려왔을 경우, 그의 집에서는 (돈)으로 그를 사서 해방시켜야 한다. 만일 그의 집이 (돈)으로 살 형편이 못 될 경우, 신전에서 사서 그를 해방시켜야 한다. 만일 성읍의 신전에서도 (돈)으로 살 형편이 못 될 경우, 궁에서 사서 그를 해방시켜야 한다. 해방의 값으로 그의 밭이나 정원이나 집을 팔아서는 안 된다.

[제33조] 만일 상급 장교나 하급 장교가 시민을 부역으로 모집하거나 전투에서 자기 대신 용병으로 싸우게 했을 경우, 이 상급 장교나 하급 장

교는 사형에 처한다.[69]

[제34조] 만일 상급 장교나 하급 장교가 한 병사의 소지품을 빼앗거나, 병사를 다치게 하거나, 병사에게 월급을 주지 않거나, 재판 과정에서 압력을 행사하거나, 임금이 병사에게 준 선물을 가로챘을 경우, 이 상급 장교나 하급 장교는 사형에 처한다.[70]

[제35조] 만일 임금이 병사에게 준 소나 작은 가축을 한 시민이 병사에게서 샀을 경우, 그는 자신의 돈을 낭비하는 것이다.[71]

[제36조] 병사나 지휘관의 밭과 과수원과 집 또는 납세의무가 있는 경작지를 팔아서는 안 된다.

[제37조] 만일 어떤 시민이 병사나 지휘관의 밭이나 과수원이나 집을 사고 또는 납세의무가 있는 경작지를 샀을 경우, 그 계약은 무효이고 그 시민은 돈을 잃게 된다. 밭과 과수원과 집은 원주인의 재산으로 다시 귀속된다.

[제38조] 병사나 지휘관 또는 납세의무가 있는 자는 밭과 과수원과 봉토 안의 집을 그의 부인이나 딸에게 양도할 수 없다. 또한 이것은 채무 이행의 용도로 다른 이에게 주어서는 안 된다.

[제39조] 그러나 병사가 산 밭과 과수원과 집은 그의 부인이나 딸에게 양도할 수 있다. 또한 이것은 채무 이행의 용도로 채무자에게 줄 수 있다.

---

69) 제33조 이하는 군대의 엄격성을 다루는데 군대에서 일어날 수 있는 폐해弊害를 미리 방지하려는 것이 목적이다.

70) 군대에서 계급이 높은 자의 횡포를 막으려는 조항도 있다. 바빌로니아의 임금 암미사두카의 칙령에서 이와 비슷한 예를 찾을 수 있다. 이 칙령은 지방관리들이나 아랫사람들에게 뇌물이나 돈을 요구했을 경우에 사형에 처한다고 선포하였다. F.R. Kraus, *Ein Edikt des Königs Ammi-Ṣakuka von Babyon* (1958), 180-181(재인용 H.J. Boecker, *Rechts und Gests im Alten Testament und im Alten Orient* [Neukirchen-Vlyun, ²1984], 75).

71) 제35-41조의 규정들은 병사 개인의 재산 보호와 밀접한 연관이 있다.

[제40조] 나디투Naditu-여사제, 상인 그리고 특별한 의무가 부과된 것의 (소유자는) 그의 밭과 과수원과 집을 상인이나 다른 사람에게 팔 수 있다. 이것을 산 이는 밭과 과수원과 집의 특별한 의무를 이행해야 한다.

[제41조] 만일 한 시민이 병사나 지휘관의 밭과 과수원과 또는 납세의무가 있는 경작지를 물물 교환하여 그 값에 해당하는 것을 지불했다 할지라도 병사나 지휘관 또는 납세의무가 있는 경작지를 소유한 이가 돌아와서 이미 지불한 돈과 같은 액수를 지불하면 그는 이것을 다시 취할 수 있다.[72]

민사 규정(제42-282조)

① 제42-58조: 밭 임대에 관한 조항[73]

[제42조] 만일 한 시민이 밭농사를 지으려고 밭을 빌렸다가 그 밭에서 결실을 거두지 못하였는데 다른 사람이 그가 일을 전혀 하지 않았다고 증언하였을 경우, 소작인은 그 땅 주인에게 밭의 소출에 해당하는 금액을 지불해야 한다.

---

72) 제41조와 제37조는 상충하는 것 같지만 두 조항은 다른 경우로, 제37조는 세금을 면제받은 밭이나 과수원은 아예 사서는 안 된다는 것이며, 설사 샀다 하더라도 원주인에게 귀속된다. 반면 제41조는 병사가 개인적으로 산 밭과 과수원을 가리키는 것이다. 곧 병사가 직접 산 물건을 판 것이니 누구든 그것을 살 수 있지만, 병사가 나중에 다시 밭이나 과수원을 사겠다고 하면 시민은 다시 병사에게 팔아야 한다.

73) 함무라비의 법 개혁이 지닌 의미는 민법에서 사유재산권을 존중하고 이에 관한 조항을 많이 두었다는 점이다. 곧 사유재산의 보호가 이 법의 기본 원칙이라 할 수 있다. 그렇다고 사회적 관점에서 평등한 사회를 지향하는 법조항은 아니다. 밭농사와 과실재배, 목축업과 어업 등은 메소포타미아의 주요 생계수단이요 경제 활동인지라, 법전은 이러한 생활 하나하나에까지 세심한 관심을 보인다.

[제43조] 만일 소작인이 밭을 일구지 않고 그 밭을 함부로 굴렸을 경우, 소작인은 그 땅 주인에게 밭의 소출에 해당하는 곡식을 지불해야 한다. 소작인은 또한 그가 함부로 굴린 밭에 고랑을 파고 써레질을 하여 주인에게 돌려주어야 한다.[74)]

[제44조] 어떤 시민이 삼 년 동안 (땅을) 개간하기 위해 휴경지를 빌렸는데 그가 게을러 수확을 하지 못하였을 경우, 사 년째 그 땅을 곡괭이나 써레 등으로 갈고 난 뒤에 땅 주인에게 돌려주어야 한다. 그리고 18이쿠마다[75)] 10코르의 곡물을 지불해야 한다.

[제45조] 만일 한 시민이 자기 밭을 빌려 주고 대가로 임대료를 받았는데, 그 뒤 (기후의 신) 아닷이 홍수로 그 밭을 침수시키거나 쓸어버렸을 경우, 그 피해는 소작인의 몫이다.[76)]

---

74) 주인은 빌려 준 밭의 소출에 따라 임대료를 받아내고, 소작인은 땅을 잘 일궈 가능한 한 많은 소출을 내야 한다. 이것이 소작인의 권리인 동시에 의무다. 만일 소작인이 그 의무를 이행하지 않으면 자신이 손해를 본다.

75) 1이쿠는 약 3600m^2다.

76) 구약성경에 땅 임대를 암시하는 법조항이 없는 것은 결코 우연이 아니다. 땅과 관련한 본문에서도 임대를 언급하지 않았고, 땅의 임대를 직접 묘사하는 규정도 따로 없다. 대개 땅을 임대할 때는 법적 조건을 먼저 전제하는데, 땅 주인만이 땅을 빌려 줄 수 있고 사거나 팔 수도 있다. 그러나 구약성경에서 땅 임대를 다루지 않은 이유는, 땅은 하느님께 속한다고 생각했기 때문이다. 곧 땅은 주님께 속한 주님의 재산이다. 이스라엘이 사용하는 땅은 '상속재산'이라 할 수 있고, 그 소유권은 온전히 주님께만 있다. 레위 25,23은 "땅을 아주 팔지는 못한다. 땅은 나의 것이다"라고 서술하고 있다. 주님께서는 각 지파에게 땅을 상속재산으로 분배하셨다. 지파나 가족이 땅을 받은 것은 일구기 위해서고, 그들의 생계를 꾸려가기 위해서다. 구약성경에서 땅은 사고 팔 수 있는 것이 아니다. 고대 근동 법과는 달리 땅을 빌리거나 사고 파는 내용이 없는 것은 이러한 맥락에서 이해할 수 있다. 그러나 이와는 다른 법도 있으니 희년에 잃어버린 땅이 본래 주인에게 돌아간다는 규정이다(레위 25장). "너희는 이 오십 년째 해를 거룩한 해로 선언하고, 너희 땅에 사는 모든 주민에게 해방을 선포하여라. 이 해는 너희의 희년이다.

[제46조][77] 만일 주인이 밭을 빌려 주고 임대료를 아직 받지 못했거나 (생산량의) 1/2이나 1/3을 받기로 하고 밭을 빌려 주었을 경우, 소작인과 밭주인은 그 밭에서 자란 곡식들을 합의한 대로 나누어야 한다.[78]

[제47조] 만일 소작인이 작년에 제대로 소출을 거두지 못했는데도 (또) 밭을 일구겠다고 할 경우, 밭주인은 소작인에게 불이익을 주어서는 안 된다. 소작인은 밭에서 일할 수 있고 주인은 계약에 해당하는 곡식을 추수 때 받을 수 있다.

[제48조] 만일 한 시민이 이자를 지불해야 하는데, (기후의 신) 아닷이 홍수를 내려 밭이 물에 잠기거나 범람하여 또는 기근이 들어 곡식이 자라지 못했을 경우, 소작인은 그 해에는 주인에게 곡식을 돌려주지 않아

너희는 저마다 제 소유지를 되찾고, 저마다 자기 씨족에게 돌아가야 한다"(레위 25,10). 레위 25장은 땅 소유 개념을 새롭게 이해하고 있다. 한편 이와 관련하여 구약성경의 수확에 관한 규정도 매우 중요하다. "너희 땅의 수확을 거두어들일 때, 밭 구석까지 모조리 거두어들여서는 안 된다. 거두고 남은 이삭을 주워서도 안 된다. 너희 포도를 남김없이 따 들여서는 안 되고, 포도밭에 떨어진 포도를 주워서도 안 된다. 그것들을 가난한 이와 이방인을 위하여 남겨 두어야 한다. 나는 주 너희 하느님이다"(레위 19,9-10). 이 규정과 비슷한 법이 탈출 23,10-11에도 있다. "너희는 여섯 해 동안 땅에 씨를 뿌리고 그 소출을 거두어들여라. 그러나 일곱째 해에는 땅을 놀리고 묵혀서, 너희 백성 가운데 가난한 이들이 먹게 하고, 거기에서 남는 것은 들짐승이 먹게 해야 한다."

77) 다음 규정들은 땅 주인의 입장을 먼저 고려한 조항들이다. 소작인을 보호하고 있기는 하지만 주로 땅 주인을 보호하려는 것이며, 이는 두 당사자 간의 계약관계에도 명시되어 있다. 이 규정들은 특별한 사건을 실례로 들었는데, 특별한 상황에서 벌어진 문제를 해결하기 위해 정한 법이다. 또한 두 강 유역이라는 지리적 상황 때문에 홍수로 강이 범람한 경우도 대비해야 했던 것 같다.

78) 제45조에서 미리 낸 임대료는 소작인에게 유리할 수 있다. 열심히 일하면 더 많은 수확을 얻을 수 있기 때문이다. 그러나 소작인은 자연재해 같은 위험을 감수해야 한다. 이와 다르게 제46조는 수확한 뒤 임대료를 지불하는 것으로, 주인이나 소작인 모두 반반씩 또는 일 대 이로 그 손실을 나누어야 한다(제64조 참조).

도 된다. 그는 서판을[79] 변경할 수 있다. 그는 이 해에 이자를 물지 않아도 된다.[80]

[제49조] 만일 한 시민이 상인에게 돈을 빌리고는 그에게 곡식밭이나 참깨밭을 주면서 "밭을 경작하고 거기서 자란 곡식이나 참깨를 거두어 (빚진 돈 대신) 취하시오"라고 하면, 소작인은 밭에서 곡식이나 참깨를 경작하고 밭주인은 추수 때 밭에서 거둔 곡식이나 참깨를 취할 수 있다. 그 대신 주인은 상인에게 빌린 돈과 이자 그리고 밭을 경작하느라 든 제반 비용을 상인에게 주어야 한다.

[제50조] 만일 그가 (곡식을) 경작하는 밭이나 참깨를 경작하는 밭을 빌려 주었을 경우, 밭 주인은 밭에서 거둔 곡식이나 참깨를 취하고 돈과 이자를 상인에게 돌려주어야 한다.

[제51조] 만일 그가 갚을 능력이 없을 경우, 상인에게 (곡식이나) 참깨로 받은 돈의 거래만큼과 임금의 규정에 상응하는 이자를 지불해야 한다.

[제52조] 만일 소작인이 게을러 밭에서 곡식이나 참깨를 내지 못했을 경우, 그는 계약서에 있는 대로 지불해야 한다.[81]

[제53조] 만일 한 시민이 자기 밭의 제방을 수수방관하거나 견고히 하지 않아 그 제방이 터지고 그의 잘못으로 물이 공동소유지에 넘쳤을 경우, 이 제방을 터지게 한 시민은 이로 인해 손상된 곡식을 배상해야 한다.

[제54조] 만일 그가 곡식을 배상할 능력이 없을 경우, 자신이나 자기

79) 계약서를 말한다.

80) 제48조는 사회 약자인 채무자 입장에서 서술하고 있다. 어쩔 수 없이 채무를 이행할 수 없는 경우에 이 채무를 면제할 수 있도록 한 것이다. 이때 채무자는 채무이행을 기록한 계약서(진흙으로 된 서판)를 변경할 수 있다고 규정한다.

81) 자연재해로 수확에 피해를 입었을 경우에는 그 누구에게도 책임을 물을 수 없다. 그러나 잘못 방치하여 해를 입었다면 그 원인 제공자에게 배상을 요구한다. 제53-58조는 제방을 방치하여 얻은 손실의 책임을 따지는 조항이다.

재산을 팔아서라도 돈을 마련해야 한다. 그리고 물이 넘친 공동소유지의 주민은 그 곡식을 분배해야 한다.

[제55조] 만일 한 시민이 물을 대기 위해 도랑을 열어 두고 그대로 방치하는 바람에 물이 이웃의 밭에 넘쳤을 경우, 그는 그 이웃이 거두었을 (소출)에 해당하는 곡식을 배상해야 한다.

[제56조] 만일 한 시민이 물을 터놓아 물이 이웃의 밭에 넘쳤을 경우, 그는 18이쿠마다 10코르의 곡식을 배상해야 한다.

[제57조] 만일 한 목자가 자기의 작은 가축이 풀을 뜯어 먹어도 된다고 밭주인과 합의하지 않은 채, 밭주인의 허락 없이 작은 가축이 풀을 뜯어 먹었을 경우, 밭주인은 (나머지) 자기 밭의 소출을 거두어들여도 된다. 하지만 밭주인의 허락 없이 작은 가축이 풀을 뜯게 한 목자는 18이쿠마다 20코르의 곡식을 밭주인에게 주어야 한다.[82)]

[제58조] 만일 작은 가축이 마을의 공동소유지를 벗어나 … 성읍 문에서 … 한 목자가 작은 가축을 목초지에 풀어놓고 풀을 뜯게 하였을 경우, 작은 가축이 목초지에서 풀을 뜯게 한 목자는 그 목초지를 돌봐야 한다. 그리고 추수 때 18이쿠마다 60코르의 곡식을 목초지의 소유자에게 주어야 한다.[83)]

---

82) 앞에서는 물을 다스리지 못해 소출이 줄어든 것을 서술했다면, 다음 제57조 이하에서는 작은 가축이 소출에 피해를 입힌 것에 대한 보상을 서술하고 있다. 이 규정은 방목하는 목자가 남의 밭의 소출을 주인의 허락 없이 가축이 먹어치우게 하여 피해를 입힌 경우다. 법전은 목자더러 밭 주인이 밭에서 거두었을 소출에 해당하는 배상을 물어야 한다고 말하고 있다.

83) 구약성경은 비슷한 논조로 법조항을 서술하고 있다. "어떤 사람이 밭이나 포도원에서 풀을 뜯기던 가축을 풀어 놓아 남의 밭 곡식을 뜯어 먹게 하였을 경우, 그는 자기 밭의 가장 좋은 소출과 자기 포도원의 가장 좋은 소출로 배상해야 한다"(탈출 22,4). 성경은 가축 주인의 과실에 대해서 함무라비 법전보다 더 강하게 서술한다. 가축 주인은 자기 가축 때문에 생긴 손해에 대해 책임을 지고 배상해야 한다는 것이다. 이런 점에서 성경의 법전은 함무라비 법전과 유사하다.

② 제59–66조: 과수원 임대에 관한 조항

[제59조] 만일 한 시민이 과수원 주인의 허락 없이 (다른) 시민의 과수원에서 나무를 베었을 경우, 그는 은 반 미나를 물어야 한다.

[제60조] 만일 한 시민이 정원사에게 과실수를 재배하라고 과수원을 주었을 경우, 정원사는 과실수를 심고 네 해 동안 재배해야 한다. 오 년째 되는 해에 과수원 주인과 정원사는 똑같이 나누어야 한다. 과수원 주인은 자기 몫을 선택할 수 있고 미리 가질 수 있다.

[제61조] 만일 정원사가 밭에 나무를 다 심지 않고 땅을 그대로 방치했을 경우, 그대로 방치한 땅은 그의 몫이 된다.

[제62조] 만일 정원사가 그에게 준 밭에 종자로 쓸 과실수를 심지 않았을 경우, 그리고 그 밭이 좋은 토지였을 경우, 정원사는 그 해에 밭에서 나올 양에 해당하는 것을 세어서 그 주인에게 주어야 한다. 또한 그는 밭 주인에게 밭을 돌려주어야 한다.

[제63조] 만일 그곳이 황무지일 경우, 그는 밭에서 일하고 밭 주인에게 돌려주어야 한다. 또한 그는 18이쿠마다 10코르의 소출을 그 해의 몫으로 지불해야 한다.

[제64조] 만일 한 시민이 자기 과실수를 정원사에게 재배하라고 주었을 경우, 정원사는 과실수를 맡고 있는 동안은 수익의 2/3를 과수원 주인에게 주고 자신은 1/3을 갖는다.[84)]

[제65조] 만일 정원사가 과실수를 잘 재배하지 못해 수익이 적었을 경우, 정원사는 그것을 계산해서 과수원 주인에게 그만큼을 주어야 한다.

84) 제60조가 여러 해 동안 과수원을 일궈 과실수를 재배하는 작업이라면, 제64조는 이미 있는 과수원의 과실수를 한 해 동안 재배하여 소출을 거두는 작업을 말한다. 그래서 주인과 정원사가 나누는 소출의 분배에 차이가 있다.

[제66조] 만일 한 시민이 상인에게 돈을 빌려 상인이 그에게 빌린 돈을 돌려 달라 요청했는데 시민이 돌려주지 않고 자기의 과실수를 주면서 상인에게, "과실수가 다 자라거든 돈에 해당하는 만큼의 소출을 취하시오"라고 말했을 경우, 그 상인에게 다음의 것은 허락되지 않는다. 곧 과실수 주인에게서 그 돈에 해당하는 소출과 이자 외에는 과실수에서 거둔 소출을 그 이상으로 가져가서는 안 된다. 과수원에서 거둔 그 밖의 소출은 과수원 주인의 차지다.

③ 제67–69조: 주택 임대에 관한 조항

[제67조] 만일 한 시민이 이웃에게 속한 물려받은 집을 사려고 곡식, 돈 또는 물건을 지불했을 경우, 그는 돈을 잃게 되고 그 집은 원래 집주인에게 돌아간다. 만일 이 집이 물려받은 집이 아닐 경우, 그는 곡식, 돈 또는 물건을 지불하고 이 집을 살 수 있다.[85]

[제68조] 만일 한 시민이 그의 이웃의 허락도 없이 미개간한 땅을 경작했을 경우 ….

[제69조] 만일 한 세입자가 집주인에게 일 년치 집세를 지불했는데 이 기간이 지나기 전에 집주인이 세입자에게 집을 비워 달라고 했을 경우, 집주인은 기간이 지나기 전에 집을 비워 달라고 했기 때문에, 세입자가 그에게 지불한 … [집세를 돌려주어야 한다].

85) 여기서 '물려받은 집'이란 나라에서 상으로 받아 세습되는 집으로서, 사고팔 수 없다.

④ 제70-107조: 돈을 빌리고 갚는 것에 관한 조항

[제70조] 만일 상인이 [곡식이나] 이자를 받고 돈을 빌려 주었을 경우, 그는 한 코르 당 [60실라의] 곡식을 이자로 받는다. 이자를 계산할 때는 은 한 세켈 당 1/6(세켈)과 6셰를[86] 이자로 받을 수 있다.

[제71조] 만일 한 시민이 빚을 졌는데 돈은 없고 대신 곡식이 있을 경우, … (채권자는) 임금의 규정에 상응하는 것을 받는다. 만일 상인이 … 1/6(세켈)과 6셰 이상으로 이자를 높일 경우, 그는 모든 것을 잃게 된다.

[제72조] 만일 상인이 이자를 받고 곡식이나 금을 주었는데 … 곡식이나 금을 … 받지 못할 경우 ….

[제72ㄴ조][87] … 예측하지 못해 부가적으로 계약서를 쓰지 않거나 이자로 인해 그 재산을 침범할 경우, 상인은 그가 받은 모든 곡식의 두 배를 갚아야 한다.

[제73조] 만일 상인이 이자를 받고 곡식이나 돈을 빌려 주었는데, (줄 때는) 돈(금)을 가벼운 추에 달거나 곡식을 작은 그릇에 주고선 돌려받을 때는 돈을 [무거운] 추에 달거나 [큰 그릇으로] 받을 경우, [상인은] [그가 빌려 준] 모든 것을 받을 수 없다.

[제74조] 만일 [상인이] 이자를 … 주었을 경우, 그가 준 모든 것을 잃게 된다.

[제75조] 만일 한 시민이 상인에게서 곡식이나 돈을 빌렸는데 곡식이나 돈은 없고 물품을 가지고 있을 경우, 그는 자기 수중에 있는 모든 것을 (그것을 증명할 수 있는) 증인 앞에서 상인에게 주어야 한다. 상인은 그

---

86) *ANET*는 셰Še로 서술하고 있는데, 우타툼uṭṭatum으로 0.05그램에 상당하는 무게단위다.

87) 제72조는 고대복사를 반영하는 것이고, 제72ㄴ조는 마르둑의 높임과 바빌론의 패권이 빠진 사본이다. 이 사본에서는 마르둑이 아닌 엔릴이 니푸르와 더불어 주된 역할을 한다.

것을 거부하지 말고 받아야 한다.

[제76조] ….

[제77조] 만일 한 시민이 (다른) 시민에게 공동체 소유의 돈을 주었을 경우, 그가 이익을 남기거나 손해를 보았을지라도 신 앞에서 똑같이 나누어야 한다.

[제100조][88] 만일 상인이 점원에게 장사 목적으로 돈을 주어 여행을 보냈는데 … 점원이 여행하면서 [이익을] 남겼을 경우, 그는 자신이 번 돈을 적고 여행한 날수를 세어 그에 맞는 돈을 상인에게 지불해야 한다.

[제101조] 만일 점원이 여행한 곳에서 아무 이익도 남기지 못했을 경우, 점원은 자신이 받은 돈의 두 배를 상인에게 주어야 한다.[89]

[제102조] 만일 상인이 점원에게 장사 목적으로 돈을 먼저 주고 여행을 보냈는데 점원이 장사에서 손해를 보았을 경우, 점원은 선지불금을 상인에게 돌려주어야 한다.

[제103조] 만일 여행 도중에 그의 원수가 그가 가진 모든 것을 잃게 했을 경우, 점원이 이 사실을 신을 두고 맹세하면 그는 아무런 채무가 없다.

[제104조] 만일 상인이 점원에게 곡식이나 양모, 기름, 또는 어떤 상품을 팔라고 주었을 경우, 점원은 액수를 적고 상인에게 돈을 돌려주어야 한다. 점원은 상인에게 준 돈에 대한 증서를 가지고 있어야 한다.

---

88) 함무라비 법전 제65-100조는 본문이 훼손되어 누락된 부분이 많은데, 특히 제78조 이하는 심하게 상하여 판독이 어려운 상태다. 어쩔 수 없이 제100조로 넘어간다.

89) 제101조와 제102조는 언뜻 보기에 비슷해 보이나 그 정황이 다르다. 곧 제101조가 앞의 내용과 연결하여 장사를 목적으로 주인이 점원을 타 지역으로 보냈는데 점원이 게을러서 이익을 남기지 못한 경우라면, 제102조는 뒤에 이어지는 내용과 관련하여 주인이 돈을 먼저 지불한 것에 관한 조항들이다.

[제105조] 만일 점원이 부주의하여 그가 상인에게 준 돈에 대한 증서를 가지고 있지 않을 경우, 계산 증서가 없는 돈은 마지막 계산에 포함해서는 안 된다.

[제106조] 만일 점원이 상인의 돈을 가지고 있으면서 상인에게 없다고 잡아뗄 경우, 상인이 신과 증인 앞에서 이 점원이 돈을 받았음을 증명하면, 점원은 받은 돈의 세 배를 상인에게 주어야 한다.

[제107조] 만일 상인이 점원에게 돈을 맡기고 나중에 점원이 상인에게 전부 되돌려 주었는데도 상인이 이를 잡아뗄 경우, 점원은 신과 증인들 앞에 상인을 데려와야 한다. 상인은 점원에게 사기를 쳤으므로 점원이 맡았던 것의 여섯 배를 점원에게 주어야 한다.

⑤ 제108-111조: 주류소매업자에 관한 조항[90)]

[제108조] 만일 술 파는 여자가 맥주값 대신 곡식을 받지 않거나 맥주의 거래 시세에 비해 곡식의 거래 시세를 낮추면, 사람들은 이 술 파는 여자를 잡아다가 물 속에 처넣어야 한다.

[제109조] 만일 술 파는 여자의 집에서 사기꾼을 발견하거나 그녀가 사기꾼을 잡아 두지 않고 왕궁으로 가도록 내버려 둘 경우, 이 술 파는 여자는 사형에 처한다.

[제110조] 만일 가구Gagû 수도원에 살지 않는 나디투Naditu-여사제나 엔투Entu-여사제가 술집(문)을 열거나 맥주를 마시러 술집으로 들어가면, 이 여사제는 불에 태워 죽여야 한다.

[제111조] 만일 술 파는 여자가 맥주를 외상으로 줄 경우, 그 여자는 추수 때에 곡식 50실라를 받을 수 있다.

---

90) 제108-111조의 법조항은 일반적인 내용이 아니라, 특별한 경우를 예로 들었다. 술값에 대한 규정이기는 하나 근본적으로는 술 파는 자가 불공정해서는 안 되며 남에게 해를 끼치는 어떤 행위도 해서는 안 된다는 내용이다.

⑥ 제112-126조: 금전과 물품의 대부에 관한 조항[91)]

[제112조] 만일 한 시민이 여행을 가게 되어 가지고 있던 은, 금, 보석, 또는 물품을 다른 시민에게 맡기고 보관료를 지불했는데, 그 뒤 이 시민이 (다른 시민에게) 자기 물품을 돌려 달라고 했지만 물품을 맡은 이가 물품을 돌려주지 않고 그것을 가졌을 경우, 물품을 맡긴 시민은 우선 자신이 물품을 맡겼음을 증명하고, 그가 물품을 맡겼는데도 되돌려 주지 않음이 나중에 입증되면, 물품을 맡은 이는 원 주인에게 다섯 배의 물품을 지불해야 한다.

[제113조] 만일 한 시민이 (다른) 시민에게 곡식이나 돈을 빌려 주었는데, 곡식 주인의[92)] 허락 없이 창고나 타작마당에서 곡식을 가져갔을 경우, (다른) 시민이 주인의 허락 없이 곡식창고나 타작마당에서 곡식을 가져갔음을 증명하면, 그가[93)] 가져간 모든 곡식을 주인에게 되돌려 줄 뿐만 아니라 그가 빌려준 모든 것을 잃게 된다.

[제114조] 만일 한 시민이 다른 시민에게 곡식이나 돈을 빌려 준 적이 없는데도 다른 시민의 것을 저당 잡았을 경우, 그는 매 저당마다 은 1/3미나를 지불해야 한다.

[제115조] 만일 한 시민이 (다른) 시민에게 곡식이나 돈을 빌려 주고 곡식이나 돈을 받을 권리가 있어 그가 (다른) 시민의 재산을 저당 잡았는데 저당 잡힌 이가 그 집에서 자연사했을 경우, 저당 잡은 이는 법적으로 아무 잘못이 없다.

---

91) 일상생활에서 벌어지는 저당과 채무 노예, 그리고 금전과 물품을 맡기는 일 등을 다루는 규정이다. 먼저 물품을 맡기는 일과 이와 연관 있는 사건을 서술하고 그 문제를 해결하려 한다.

92) '곡식 주인'은 임차인을 말한다.

93) 임대한 사람이다.

[제116조] 만일 채무자가 채권자의 집에서 맞거나 가혹행위를 당해 사망하였을 경우, 채무자의 가족은 중개자를 보내야 한다. 만일 맞아 죽은 채무자가 한 시민의 아들이면 중개자는 (채무자를 때린 사람)의 아들을 죽일 것이며, 만일 한 시민의 종이면 중개자는 은 1/3미나를 지불해야 한다. 이 모든 것을 지불하면 그는 손해를 보는 것이다.

[제117조] 만일 어떤 시민이 빚을 갚기 위해 자기 아내나 아들, 딸, 또는 자신을 종으로 팔 경우, 채권자는 노동계약을 3년 이상 할 수 없고 넷째 해에 주인은 그들에게 자유를 주어야 한다.[94)]

[제118조] 만일 주인이 남종이나 여종에게 폭력을 가했을 경우, 주인은 (노예 기간을) 없애고 해방해야 한다. 주인은 (남종/여종을) 팔거나 소유권을 돌려받을 수 없다.[95)]

---

94) 함무라비 법전은 시민들의 신분을 크게 세 계급으로 구분한다. 첫째 계급은 아빌룸awilum으로서 자유인이며 상류층 사람들이다. 노예와 상당한 재산을 소유하고 자손에게 노예와 재산을 물려줄 수 있다. 둘째 계급은 무쉬케눔musch-kenum으로 일반시민이며 중류층 사람들인데, 이들은 아빌룸과 노예 사이의 계층이다. 이들은 자손에게 재산을 물려줄 수 없다. 마지막으로 하류층은 바르둠wardum이라 하며 노예다. 이들에게는 아무런 권리도 없고, 이들은 주인의 사유재산일 뿐이다. 법전에 따르면 이들은 결코 자유로운 신분이 될 수 없었다. 법전은 상류층인 아빌룸이 노예로 전락하는 것을 막으려 하였다. 구약성경은 빚 때문에 종이 된 사실을 잘 반영하며 노예해방을 위해 여러 가지 시도를 하고 있다. 탈출 21,2(탈출 21,2–11; 참조: 신명 15,12–17)은 다음과 같이 서술한다. "너희가 히브리인을 종으로 샀을 경우, 그는 여섯 해 동안 종살이하고, 일곱째 해에는 대가 없이 자유로운 몸으로 풀려 나간다." 함무라비 법전과 차이가 있다면 해방되는 햇수가 성경은 7년 주기인 반면 함무라비 법전은 4년이라는 점이다. 구약성경에서 7은 매우 의미 있는 숫자다.

95) 빚 때문에 종이 된 이들에게 주인이 함부로 대해서 신체적 상해를 입혔을 경우, 그 종들은 풀려난다. 이는 주인이라고 해서 종을 함부로 다룰 수 없음을 경고하는 것이다. 탈출 21,26–27도 같은 맥락이다. "어떤 사람이 자기 남종의 눈이나 여종의 눈을 때려 상하게 하였을 경우, 눈 대신 그를 자유로운 몸으로 내보내

[제119조] 만일 한 시민이 빚을 못 갚아 여종을 팔았는데 그 여종이 주인의 아이를 낳은 종일 경우, 주인은 노예상인에게 받은 돈을 여종을 위해서 지불하고 여종을 풀어 주어야 한다.

[제120조] 만일 한 시민이 (다른) 시민의 집 창고에 자기 곡식을 보관했는데 그 집 창고에서 손해를 입었거나, 그 집 주인이 창고를 열어 곡식을 빼냈거나, 그가 창고에서 곡식을 뺀 사실을 전혀 인정하지 않을 경우, 곡식 주인은 창고 주인이 그것을 훼손하거나 도둑질했다고 신께 맹세하면, 창고 주인은 없어진 곡식 값의 두 배를 물어주어야 한다.96)

[제121조] 만일 한 시민이 (다른) 시민의 집에 자기 곡식을 보관했을 경우, 그는 한 해에 곡식 한 코르 당 다섯 실라를 창고임대료로 지불해야 한다.

[제122조] 만일 한 시민이 (다른) 시민에게 은이나 금 또는 다른 물품을 맡겼을 경우, 그는 증인에게 이 물품을 보이고 물품에 대한 보관증을 작성한 뒤에 물품들을 맡겨야 한다.97)

[제123조] 만일 그가 증인 없이 물품들을 맡기고 계약을 맺었는데 이 물품들을 맡은 이가 나중에 물품을 돌려주지 않을 경우, 이때 증인이 없는 관계로 소송이 될 수 없다.

[제124조] 만일 한 시민이 (다른) 시민에게 은이나 금 또는 다른 물품을 증인 앞에서 맡겼는데 이것을 맡은 이가 잡아뗄 경우, 이를 조사해야

야 한다. 그가 자기 남종의 이나 여종의 이를 부러뜨렸어도, 이 대신 그를 자유로운 몸으로 내보내야 한다."

96) 제120-121조는 한 시민이 다른 시민의 창고에 맡긴 곡식 보관에 관한 규정이다. 곧 창고 주인에게는 맡은 곡식에 대한 전적인 책임이 있다. 창고 주인의 잘못이 확실하면 그는 두 배로 배상해야 하는데, 맡은 물건을 함부로 할 수 없음을 강조하려는 것이다. 그러나 잘못이 확실하지 않으면 신께 맹세함으로써 문제를 해결한다.

97) 제122-123조는 다른 사람에게 물품을 맡길 때, 증인과 계약서 또는 증서가 꼭 필요함을 일깨우는 내용이다.

한다. 그가 잡아뗀 사실이 밝혀지면 그는 두 배로 배상해야 한다.[98]

[제125조] 만일 한 시민이 물품을 맡겼는데 그의 물품이 도둑을 맞거나 집 주인의 재산 역시 도둑맞아 잃어버렸을 경우, 집 주인은 제 의무를 제대로 이행하지 않아 맡긴 물품을 잃었으므로 소유자에게 전액을 보상해 주어야 한다.[99] 그리고 이 물품을 훔친 자를 찾아서 그에게서 잃은 물품을 되돌려 받는다.

[제126조] 만일 한 시민이 아무것도 잃지 않았는데도 "나의 물품이 없어졌다"고 말하여 물품을 맡은 이가 시민 앞에서 그가 아무것도 잃지 않았음을 신께 증명할 경우, 이 거짓말을 한 시민은 소송을 당하고 물품을 맡은 이에게 두 배로 배상해야 한다.[100]

98) 비슷한 내용이 에쉬눈나 법전에도 있다(제36-37조 참조).

99) 한편 물품을 맡은 이가 물품 맡은 일을 부인하다 거짓이 드러나면 그는 두 배로 배상해야 하는데, 이는 맡은 물품을 차지하려는 행동에 경각심을 불어넣기 위함이다.

100) 구약성경의 손해배상법인 탈출 22,6-8은 함무라비 법전 제125-126조와 내용이 유사하다. "어떤 사람이 이웃에게 돈이나 물건을 지켜 달라고 맡겼다가 그 집에서 도둑을 맞았을 경우, 그 도둑이 잡히면 도둑은 그것을 갑절로 배상해야 한다. 그러나 도둑이 잡히지 않으면, 그 집 주인이 이웃의 물품에 손을 대지 않았는지 밝히러 하느님께 나아가야 한다. 소나 나귀나 양이나 겉옷이나 그 밖의 어떤 분실물이든, 한쪽이 '저것은 내 것이다.' 하고 주장하는 사건이 생기면, 양쪽이 관련된 이 일은 하느님께 가져가야 한다. 하느님께서 유죄 판결을 내리신 자는 상대방에게 갑절로 배상해야 한다." 그러나 세부 내용에서는 차이가 있다. 곧 탈출기 본문은 정말 도둑맞았는지를 가려내는 일에 치중하여 거짓말한 자에게 두 배의 배상을 요구한다. 이때 진실의 여부는 성소 앞에서 하느님의 판결에 의존한다. 한편 함무라비 법전은 물품을 맡은 자의 의무에 초점을 맞추었다. 또한 거짓 소송자에게 두 배의 배상을 물게 해 거짓 소송을 엄중히 경고한다.

⑦ 제127–149조: 혼인에 관한 조항[101]

[제127조] 만일 한 시민이 엔투–여사제나 다른 시민의 부인에 관해 증거도 없이 나쁜 소문을 퍼뜨릴 경우, 사람들은 이 시민을 재판관 앞으로 끌고 가서 그의 (머리털의) 반을 깎는다.

[제128조] 만일 한 시민이 부인을 맞았지만 그 여자와 혼인계약서를 작성하지 않았을 경우,[102] 이 여자는 그의 부인이 아니다.

[제129조] 만일 한 시민의 부인이 다른 남자와 성관계를 맺다가 붙잡혔을 경우, 그 둘을 묶어서 강에 던진다. 그러나 여자의 남편이 부인을 용서한다면 임금은 그 여자를 용서할 수 있다.

[제130조] 만일 한 시민이 다른 시민과 (약)혼하고 아직은 부모와 살고 있는 처녀를 강간하다 붙잡혔을 경우, 남자는 사형에 처해야 하지만 여자는 무죄다.[103]

[제131조] 만일 한 시민의 부인이 남편에게 의심을 받았지만 다른 남자와 동침한 시실이 없을 경우, 부인은 신 앞에서 맹세하고 자신의 집으로 돌아갈 수 있다.

[제132조] 만일 한 시민의 부인이 다른 사람과 성관계를 맺었다고 고소를 당했지만 현상에서 붙잡히지 않았을 경우, 부인은 자기 남편을 위해 강(의 신)에게로 뛰어들어야 한다.

---

101) 제127조부터 시작하는 가족법에서는 혼인에서부터 제195조의 상속 문제까지 상세히 서술하고 있다. 이 가운데 특별규정이라면 부부법이다.

102) 이 혼인계약서는 마을의 원로가 신랑과 신부에게 주는 것이다.

103) "어떤 젊은 처녀가 한 남자와 약혼을 하였는데, 성읍 안에서 다른 남자가 그 여자와 만나 동침하였을 경우, 너희는 두 사람을 다 그 성읍의 성문으로 끌어내어, 그들에게 돌을 던져 죽여야 한다. 그 처녀는 성읍 안에 있으면서도 고함을 지르지 않았기 때문"이다(신명 22,23–24). 이 밖에 여자를 들에서 만나 강간할 경우에 여자는 살려두고 남자만 죽여야 한다고 서술한다(신명 22,25–27 참조).

[제133조] 만일 한 시민이 포로로 잡혔는데 그의 집에 먹을 것이 있을 경우, 그의 부인은 그의 [남편이 포로로 잡혀 있는 동안] 주의해야 하고 [다른 남자의 집으로] 들어가서는 안 된다.

[제133ㄴ조] 만일 부인이 주의하지 않아 다른 남자의 집으로 들어갔을 경우, 사람들은 이 여자를 데려다가 강에 던져버려야 한다.

[제134조] 만일 한 시민이 포로로 잡혔는데 그의 집에 먹을 것이 없을 경우, 그의 부인은 다른 남자의 집으로 가도 된다.[104] 이 여자에게 죄를 물어서는 안 된다.

[제135조] 만일 한 시민이 포로로 잡혔는데 그가 포로로 잡혀 있는 동안 집에 먹을 것이 없어 그의 부인이 남편이 돌아올 때까지 다른 남자의 집에 들어가 살다가 (이 남자의) 아이를 낳았을 경우, 나중에 그 여자의 남편이 돌아왔을 때 이 부인은 남편에게 돌아가야 한다. 그러나 아이들은 그 아버지에게 남는다.

[제136조] 만일 한 시민이 도성을 떠나거나 도망쳐서 그의 부인이 도성에 남아 다른 사람의 부인이 되었는데 나중에 이 시민이 돌아와 자기 부인을 돌려보내 줄 것을 요구할 경우, 그는 이 도성에서 도망쳤기 때문에 이 부인은 도망쳤던 전남편에게 돌아가지 않아도 된다.

[제137조] 만일 한 시민이 자기에게 아이를 낳아 준 슈기투Šugītu-여사제나 아이를 가진 나디투Nadītu-여사제를 내치려고 할 경우, 그 시민은 이 여자에게 혼인지참금을 돌려주고 그 여자에게 밭과 과일나무와 재산의 반을 주어야 하고 그 여자는 그것으로 아이를 키워야 한다. 그 여자가 아이를 다 키우고 나면 그 시민은 자기 아이에게 주어진 상속의 몫을 주어야 하고, 그 여자는 새 남자와 혼인할 수 있다.

---

104) 이는 혼인한 여자가 남편이 감옥에 갇혀 생계를 꾸려갈 수 없을 경우에, 남편이 없는 동안 다른 남자와 동거하면서 식생활을 해결하는 것이 다른 남자와의 불륜보다 더 우선한다는 것을 뜻한다.

[제138조] 만일 한 시민이 아이를 낳지 못하는 부인을 내쫓으려 할 경우, 남편은 신부몸값에 해당하는 돈을 부인에게 지불해야 한다. 그리고 부인을 내쫓기 전에 부인이 아버지의 집에서 가져온 지참금을 그 여자에게 다 주어야 한다.

[제139조] 만일 혼인지참금이 없었다면, 그는 그 여자에게 은 한 미나를 위자료로 지불해야 한다.105)

[제140조] 만일 그 남자가 왕궁에 속한 사람일 경우, 그는 여자에게 은 1/3미나를 지불해야 한다.

[제141조] 만일 한 시민의 집에 살고 있는 부인이 집 밖에서 일을 하느라 살림을 게을리 하여 남편에게 손해를 끼쳤을 경우, 사람들은 이것을 입증해야 한다. 만일 남편이 이혼을 선언할 경우, 그는 그 여자를 내쫓을 수 있고 그 여자가 떠날 때 위자료를 주어서는 안 된다. 만일 남편이 이혼을 선언하지 않을 경우, 그는 다른 여자와 혼인할 수 있고 전 부인은 마치 노예처럼 전남편의 집에서 살 수 있다.

[제142조] 만일 한 여자가 자기 남편이 "당신은 나와 관계를 가질 수 없소"라고 말하며 자신을 홀대했다고 관청에 고발하면 관청은 사실 여부를 조사해야 한다. 만일 그 여자에게 죄가 없고 그 여자의 남편이 나가서 그 여자를 홀대했을 경우, 이 여자는 무죄이며 혼인지참금을 가지고 자기 아버지 집으로 돌아가도 된다.

[제143조] 만일 이 여자가 결점이 있고 밖으로 나다니며 살림을 게을리 하며 자기 남편을 홀대했을 경우, 사람들은 이 여자를 물에 던져버려야 한다.

---

105) 남자는 아내와 쉽게 이혼할 수 있었다. 아이를 낳지 못하는 부인과 함께 사는 것은 남편에게 경제적 부담만 안겨 줄 뿐이다. 이혼당한 부인은 위자료로 신부몸값에 해당하는 돈을 받고, 그 밖에 신부 아버지가 신부에게 준 선물을 도로 가져올 수 있다. 그녀가 아이를 데려다 키울 경우에 남편은 아내에게 동산과 부동산을 얼마간 아이를 키우는 데 쓰도록 주어야 한다.

[제144조] 만일 한 시민이 나디투-여사제와 혼인했는데 이 나디투-여사제가 남편에게 여종을 주어 (여기에서) 아이를 낳게 했을 경우, 이 시민이 슈기투-여사제와 혼인하려고 계획했다면, 사람들은 이 시민을 허락해서는 안 되며, 그는 슈기투-여사제와 혼인해서는 안 된다.

[제145조] 만일 한 시민이 나디투-여사제와 혼인했는데 (이 여사제가) 아이를 낳지 못해 시민이 슈기투-여사제와 혼인하려 할 경우, 그는 슈기투-여사제와 혼인할 수 있다. 그러나 슈기투-여사제를 집안으로 들일 수 있지만 슈기투-여사제의 지위는 나디투-여사제보다 아래다.

[제146조] 만일 한 시민이 나디투-여사제와 혼인했는데 그 부인이 남편에게 여종을 주어 그 여종이 아이를 낳고는 자신이 부인과 같은 지위를 갖겠다고 할 경우, 부인은 그 여종이 아이를 낳아 주었기 때문에 여종을 팔아서는 안 된다. 그러나 부인은 여종을 노예시장에서 사온 종처럼 부려도 된다.

[제147조] 만일 여종이 아이를 낳지 못할 경우, 여종의 여주인은 그 종을 팔아도 된다.

[제148조] 만일 한 시민이 부인을 얻었는데 그 여자가 열병에 걸렸을 경우, 그는 다른 여자와 혼인해도 된다. (그렇더라도) 그는 열병에 걸린 (첫) 부인을 내쫓아서는 안 되고 그 여자가 사는 동안은 그의 집에 살게 하며 그 여자와 대화도 나누어야 한다.

[제149조] 만일 이 여인이 남편 집에서 살기를 원하지 않을 경우, 남편은 그 여자가 혼인 때 아버지 집에서 가져 온 모든 것을 내주고 그 여자가 남편 집을 떠날 수 있도록 해 주어야 한다.[106]

---

106) 바빌로니아의 함무라비 법전이 부부법에 관하여 상세하게 기술한 데 비해서 구약성경은 매우 적게 기술한 편이다. 구약 시대 이스라엘의 부부 역시 바빌로니아처럼 돈으로 사는 부부관계라는 점은 명확하다. 이를 증명할 성경구절 가운데 탈출 22,15-16은 신랑이 신부 아버지에게 신부몸값을 지불했음을 간접적으로 보여 준다. 내용은 사랑하지 않은 여인을 꾀어 동침하였을 경우에 관한 예

⑧ 제150–152조: 여자가 받는 상속에 관한 조항

[제150조] 한 시민이 자기 부인에게 밭, 목초지, 집, 또는 재산을 주

로서, 여기서 여자는 아버지의 보호 아래 있는 존재로 이해할 수 있다. "어떤 사람이 정혼하지 않은 처녀를 꾀어 그와 동침하였을 경우, 신부몸값을 내고 그 처녀를 아내로 맞아들여야 한다. 그 처녀의 아버지가 자기 딸을 그에게 주는 것을 거절하면, 처녀의 몸값에 해당하는 금액을 물어야 한다." 15절에서 처녀를 꾄 자는 여자의 아버지에게 그 여자를 사랑하든 사랑하지 않든 신부몸값을 지불해야 한다. 한편 신부 아버지는 그에게 딸을 줄 수도(15절) 주지 않을 수도(16절) 있다. 사정이야 어떻든 간에 신부는 자신의 혼인에 관해 아무 의견도 내지 못하고 단지 신부 아버지가 모든 것을 결정한다는 것인데, 이것은 함무라비 법과 유사하다. 구약성경은 혼인할 때 신부 아버지가 신부에게 주는 선물이나 이혼할 때 지불하는 위자료 등을 전혀 언급하지 않는다. 그러나 법전이 아닌 다른 대목에서는 혼인 때 신부 아버지가 신부에게 주는 선물을 암시하는 내용이 있다. 여호 15,19에서 칼렙의 딸 악사는 아버지에게 신부에게 주는 선물을 요구하였다. 또한 라반은 자기 딸들에게 저마다 여종을 내주었는데, 이것도 선물로 이해할 수 있다(창세 29,24.29). 이혼과 관련한 내용은 신명 24,1–4에 서술되어 있다. "어떤 남자가 여자를 맞아들여 혼인하였는데, 그 여자에게서 추한 것이 드러나 눈에 들지 않을 경우, 이혼 증서를 써서 손에 쥐어 주고 자기 집에서 내보낼 수 있다. 그 여자가 그의 집을 떠나가서 다른 남자의 아내가 되었는데, 두 번째 남편도 그 여자를 싫어하여 이혼 증서를 써서 손에 쥐어 주고 자기 집에서 내보낸 경우나, 그 여자를 아내로 맞아들인 남자가 죽은 경우, 그 여자가 이미 더럽혀졌으므로, 그를 내보낸 첫 남편은 다시 그를 아내로 맞아들일 수 없다. 그런 일은 주님 앞에 역겨운 짓이다." 신명 24,1–4에서는 이혼한 여자가 다른 남자와 혼인한 뒤 또 혼자되었을 경우, 다시 첫 남자와 재혼하는 것을 금지한다. 구약성경은 여자에게서 추한 것이 드러나면 이혼하는 것을 허락한다. 일반적으로 추한 것이란 정절을 잃은 것을 말한다. 이런 경우 여자는 사형으로 다스린다(참조: 레위 20,10; 신명 22,22). 그러나 본문은 이런 경우는 아니다. 힐렐 라삐는 부인이 음식을 태웠을 경우도 이혼 사유가 되고, 집회 25,26은 여자가 순종하지 않아도 이혼할 수 있다고 한다. 그러나 구약성경에서는 함무라비 법전에서처럼 이혼할 때 여자에게 지불하는 위자료에 관해서 전혀 언급이 없다.

고 증명서에 도장을 찍어 부인에게 주었을 경우, 남편이 죽은 뒤에 아들은 어머니에게 상속권을 주장할 수 없다. 어머니는 사랑하는 아들에게는 상속할 수 있지만 다른 이에게는 줄 수 없다.

[제151조] 만일 부인이 새로 혼인을 해서 새 남편의 집에 살고 있을 경우, 그 부인은 전남편의 채무를 지지 않는다. 부인의 전남편은 부인의 새 남편에게 (이혼) 증명서를 써 주고 그 증명서를 발행했을 경우, 채권자는 전남편의 채무를 부인의 새 남편에게서 아무것도 받아낼 수 없다. 만일 이 부인이 새 남편과 혼인하기 전에 빚을 졌을 경우, 채권자는 그 부인의 새 남편에게서 아무것도 받아낼 수 없다.

[제152조] 만일 이 부인이 새 남편의 집에 들어간 뒤에 빚을 진 경우, 이 여자나 남편은 채무를 갚아야 한다.

⑨ 제153–158조: 간음에 관한 조항

[제153조] 한 남자의 부인이 다른 남자가 생겨서 자기 남편을 살해하라고 부추겼다면, 이 여자를 말뚝형에 처해야 한다.

[제154조] 만일 어떤 시민이 자기 딸과 (성)관계를 맺었을 경우, 그는 도시에서 추방된다.107)

[제155조] 만일 한 시민이 자기 아들을 위해서 며느릿감을 고르고 아들이 그 여자와 동침했는데 그 시민이 며느리 무릎에 있는 것을 사람들에게 들켰을 경우, 사람들은 이 시민을 묶어 강에 던져버려야 한다.

---

107) 이른바 성결법전(레위 17—26장)의 18장과 20장은 가족법의 개념으로, 그 가운데 특히 가족 간의 성관계를 강하게 금지하고 있는데, 18장이 금지 규정이라면 20장은 이 규정을 범한 자에 관한 처벌 규정이라 할 수 있다(레위 18,6–18; 20,10–21). 한편 신명 27,20.22–23은 저주의 맥락으로, 이 가운데 아버지의 아내와 동침하는 자(20절)와 아버지의 딸이나 어머니의 딸과 동침하거나(22절) 장모와 동침하는 자에 대한 저주를 담고 있다(23절).

[제156조] 만일 한 시민이 자기 아들을 위해서 며느릿감을 고르고 아들이 그 여자와 동침하지 않았는데 그 시민이 며느리 무릎에 있을 경우, 그는 그 여자에게 은 반 미나를 지불해야 한다. 그리고 그 여자가 아버지의 집에서 가지고 온 모든 것을 그 여자에게 돌려주어야 한다. 그리고 그 여자는 마음에 드는 남자를 선택해 혼인할 수 있다.

[제157조] 만일 한 시민이 아버지가 죽은 뒤에 어머니와 성관계를 맺었을 경우, 사람들은 이 둘을 태워 죽여야 한다.[108)]

[제158조] 만일 한 시민이 자기 아버지가 죽은 뒤에 그의 계모와[109)] 동침해서 아이를 낳아 이를 들켰을 경우, 이 시민은 아버지 가문에서 제해야 한다.

⑩ 제159-161조: 약혼에 관한 조항[110)]

[제159조] 만일 한 시민이 신부 아버지의 집으로 약혼선물을 보내고 신부몸값을 신부 아버지에게 지불했는데, 그가 다른 여자를 고집하고 신부 아버지에게, "나는 당신 딸을 취하지 않겠습니다"라고 말할 경우, 신부 아버지는 그가 가져온 모든 것을 가져도 된다.

---

108) "자기 아버지의 아내와 동침한 사람은 자기 아버지의 치부를 드러내었다. 그 둘은 사형을 받아야 한다. 그들은 자기들의 죗값으로 죽는 것이다"(레위 20,11). 본문에서 '자기 아버지의 아내'는 계모로 볼 수 있다.

109) 명확하지 않다. 편의상 계모로 해석한다.

110) 고대 근동에서는 신부몸값 외에도 약혼선물을 주는 것이 관례였다. 이 약혼법에서 선물은 법적 개념이다. 제159-161조에서는 신부몸값과 약혼선물을 서술하였는데, 약혼선물이란 혼인식에 쓰일 음식이다. 신부의 아버지가 신부몸값과 약혼선물을 받아들일 때에야 비로소 법적인 효력이 발생한다. 만일 신부의 아버지가 계약을 지키지 않을 경우에는 약혼선물의 두 배를 배상해야 한다(제160-161조 참조). 이런 점에서 함무라비 법전에서 부부란 돈으로 맺어지는 관계다.

[제160조] 만일 한 시민이 신부 아버지의 집으로 약혼선물을 보내고 신부에게 보석을 주었는데, 딸의 아버지가 "내 딸을 당신에게 주지 않겠다"라고 할 경우, 신부 아버지는 신부에게 준 것과 자기에게 준 것의 두 배를 배상해야 한다.

[제161조] 만일 한 시민이 신부 아버지의 집으로 약혼선물을 보내고 신부몸값을 신부 아버지에게 지불했는데, 신랑의 친구가 신랑을 비방하여 신부 아버지가 "내 딸을 당신이 차지할 수가 없다"라고 할 경우, 비방을 한 신랑의 친구는 그가 지불한 것의 두 배를 신랑에게 배상해야 한다. 그리고 비방을 한 친구는 (예정한) 그의 부인과 혼인할 수 없다.

⑪ 제162–195조: 상속에 관한 조항[111)]

111) 구약성경은 한 남자가 법적으로 아내를 둘 이상 둘 수 있는 것으로 보도한다. 그러나 아내가 몇이건 맏아들에게 함부로 대해서는 안 되며, 아들의 권리를 보호하고 존중한다. "어떤 사람에게 아내가 둘 있는데, 하나는 사랑을 받고 다른 하나는 미움을 받다가, 사랑받는 여자와 미움 받는 여자가 다 그 사람에게 아들을 낳아 주었을 때, 맏아들이 미움 받는 아내의 아들일 경우, 그 사람이 아들들에게 재산을 물려주는 날, 맏아들인 미움 받는 여자의 아들 대신에 사랑받는 여자의 아들에게 장자권을 줄 수 없다. 미움 받는 여자의 아들을 맏아들로 인정하여 그에게 자기의 모든 재산에서 두 몫을 주어야 한다. 그 아들이 자기 정력의 맏물이며 그에게 맏아들의 권리가 있기 때문이다"(신명 21,15–17). 민수 27,1–11도 상속법의 예로서 아들 없는 집안의 상속 문제를 다루는데, 모세는 딸에게도 상속의 기회를 주는 쪽으로 결정을 내린다. "누구든지 아들 없이 죽으면, 그의 상속 재산은 딸에게 넘어가게 하여라. 만일 딸이 없으면, 그의 상속 재산을 그의 형제들에게 주어라. 형제들도 없으면, 그 상속 재산을 그의 아버지 형제들에게 주어라. 그의 아버지에게 형제들이 없으면, 그의 씨족 가운데에서 그에게 가장 가까운 친족에게 주어 그것을 소유하게 하여라"(민수 27,8–11). 욥 42,13–15에서 욥은 일곱 아들과 똑같이 세 딸에게도 재산을 물려준다. 고대 이스라엘에는 수혼법이 있어서, 아들 없이 죽은 남편 대신 그의 형제가 형수와 혼인하여 형의 대를 이어 준다(신명

[제162조] 만일 한 시민이 부인을 얻었는데 이 부인이 자식을 낳고 죽었을 경우, 부인의 아버지는 딸이 혼인 때 가져간 혼인지참금에 대한 소송을 할 수 없다. 그 여자의 혼인지참금은 자식에게 속한다.

[제163조] 만일 한 시민이 부인을 얻었는데 부인이 자식을 낳지 못하고 죽었을 경우, 부인의 아버지는 시민이 지불했던 신부몸값을 돌려주어야 한다. 그리고 시민은 부인이 가져온 것을 두고 재산권 소송을 할 수 없다. 그 부인이 가져온 혼인지참금은 부인의 아버지에게 속한다.

[제164조] 만일 그의 장인이 그에게 신부몸값을 돌려주지 않을 경우, 그는 부인이 가져온 혼인지참금에서 신부몸값을 제하고 나머지를 부인의 아버지 집으로 돌려보낸다.[112)]

[제165조] 만일 한 시민이 마음에 드는 아들이 있어 밭과 목장, 또는 집을 물려주고 그에게 도장 찍힌 증명서를 주었는데 아버지가 죽고 그의 형제가 아버지가 그에게 준 것을 두고 분할을 요구할 경우, 그는 아버지가 그에게 준 것은 다 가질 수 있다. 그 밖의 아버지 재산은 똑같이 나누어야 한다.

[제166조] 만일 한 시민이 아들들을 두었는데 (다른) 아들들에게는 부인이 있는데 막내가 아직 혼인하지 않은 채 그의 아버지가 죽었을 경우, 형제는 아버지의 재산을 나눌 때 혼인하지 않은 막내에게 아버지의 재산에서 일부를 더 주어 그가 부인을 얻을 때 신부몸값을 지불할 수 있게 해주어야 한다.

25,5-10 참조). 이 혼인관계에서 태어난 맏아들이 이미 죽은 남편의 법적 상속인이 되는 것이다. 이러한 수혼법은 대가족 제도에서 필요한 것이었다. 신명기는 죽은 남편의 형제나 부모가 이 제도를 거부할 수도 있었다는 사실을 암시한다. 수혼법은 구약성경에서 세 군데에만 등장한다(창세 38장; 신명 25,5-10; 룻 4장).

112) 아버지가 딸에게 준 선물은 이혼할 경우에 도로 가져올 수 있다. 이혼당한 여자는 남편이 신부 아버지에게 준 신부몸값은 위자료에 해당하는 것이므로 지불하지 않아도 되고, 그녀는 아버지 집에서 가져온 재산 또한 소유할 수 있다(제138-139조 참조).

[제167조] 만일 한 시민이 부인을 얻어 여러 아들을 낳았는데 부인이 죽어 다른 여자를 얻고 그 여자 (역시) 여러 아들을 낳았을 경우, 시민이 죽은 뒤 아들들은 저마다 어머니가 다르다고 해서 불공정하게 상속을 받아서는 안 된다. 각각의 어머니가 가져온 것을 각각의 아들이 취하고 아버지의 재산은 동일하게 나누어야 한다.[113)]

[제168조] 만일 한 시민이 자기 아들의 상속권을 박탈하려고 재판관에게, "나는 내 아들의 상속권을 박탈하겠다"고 할 경우, 재판관은 그것이 적절한지 조사해야 한다. 만일 아들이 상속권을 박탈당할 만한 중대한 과실을 저지르지 않았을 경우, 아버지가 아들의 상속권을 박탈할 수는 없다.

[제169조] 한편 아들이 아버지에게 상속권을 박탈당할 만한 큰 과실을 저질렀을 경우, 그것이 처음이라면 용서해야 한다. 만일 아들이 두 번째로 큰 과실을 저질렀을 경우, 아버지는 아들의 상속권을 박탈할 수 있다.

[제170조] 만일 한 시민이 (첫째) 부인에게서 자식을 얻고 여종에게서도 자식을 얻어 그가 살아 생전에 여종의 자식을 자신의 자식으로 표시하였을 경우, 그 여종의 자식을 (첫째) 부인의 자식과 동등하게 하고, 아버지가 죽은 뒤에 (첫째) 부인의 자식은 여종의 자식과 아버지의 유산을 똑같이 나눈다. 그러나 (첫째) 부인의 맏아들에게 선택할 우선권이 있다.

[제171조] 그러나 아버지가 살아 있는 동안 여종이 낳은 자식들을 '내 자식들' 이라고 밝히지 않았을 경우, 아버지가 죽으면 여종의 자식들은 부인의 자식들과 함께 아버지의 재산을 나눌 수 없다. 대신 여종과 그 자식들을 풀어 주어야 하고 부인의 자식들은 여종의 자식들을 종으로 대

---

113) 비슷한 경우가 신명 21,15-17에 나온다. 아버지의 편애로 유산 분배가 공정해지지 못하는 것을 방지하려는 목적에서, 맏아들의 권리를 지켜 주려는 것이다. 비록 아버지가 사랑하지 않는 아내의 아들이더라도 맏아들로 인정하고 그에게 재산의 두 몫을 주어야 한다.

해서는 안 된다.

[제171ㄴ조] 부인은 (아버지께 받은) 혼인지참금과 남편이 부인에게 준 혼인예물을 소유할 수 있고, 살아 있는 동안 남편의 집에 머물 수 있다. 그러나 부인은 이익을 위해서 (이것들을) 팔 수는 없다. 부인이 남긴 것은 그 자식에게 속한다.

[제172조] 만일 남편이 부인에게 혼인예물을 주지 않았을 경우, 사람들은 그 여자의 혼인지참금을 보상해 주고 남편의 재산에서 자식과 똑같은 몫을 받을 수 있다. 만일 자식들이 그 여자를 트집 잡아 집에서 쫓아내려 할 경우, 재판관은 이 사건을 조사해서 자식들을 문책해야 한다. 부인은 남편 집에서 떠나지 않아도 된다. 이 부인이 남편 집에서 스스로 떠나겠다면 부인은 남편이 준 혼인예물을 자식에게 돌려주어야 한다. 그러나 그 여자의 아버지가 준 혼인지참금은 가지고 갈 수 있다. 그러고 나서야 그 여자는 사랑하는 사람과 혼인할 수 있다.

[제173조] 만일 이 부인이 새로 혼인한 남편과 아이를 낳고 나중에 그 부인이 죽었을 경우, 전남편의 사식과 새 남편의 자식은 어머니의 혼인지참금을 똑같이 나눈다.

[제174조] 만일 새 남편과의 사이에 아이가 없을 경우, 전남편의 자식이 어머니의 혼인지참금을 가진다.

[제175조] 만일 궁의 종이나 궁에 속한 이의 종이 시민의 딸과 혼인하여 그 여자가 아이를 낳았을 경우, 종의 주인은 시민의 딸이 낳은 자식을 자신의 종이라고 주장할 수 없다.

[제176조] 만일 궁의 종이나 궁에 속한 이의 종이 시민의 딸과 혼인하였는데, 그가 그녀와 혼인한 뒤 그녀가 자기 아버지가 준 혼인예물을 가지고 궁의 종 집이나 궁에 속한 이의 종 집으로 가져갔을 경우, (그리고) (둘이) 열심히 일해 가정을 잘 꾸리고 재산을 일구었는데 궁의 종이나 또는 궁에 속한 이의 종이 죽었을 (경우), 시민의 딸은 그녀의 아버지가 준 혼인지참금을 취할 수 있지만 그녀의 남편과 그녀가 일군 재산은 둘

로 나누어야 한다. 그 재산의 반은 종의 주인이 갖고, 나머지 반은 시민의 딸이 자기 자식을 위해 갖는다.

[제176ㄴ조] 만일 시민의 딸이 아버지의 혼인지참금을 갖고 있지 않을 경우, 둘이 열심히 일해 가정을 잘 꾸리고 재산을 일군 것을 둘로 나눈다. 그 재산의 반은 그 종의 주인이 갖고, 나머지 반은 시민의 딸이 자기 자식을 위해 갖는다.

[제177조] 만일 나이 어린 자식들을 둔 과부가 다른 남자와 혼인하려 할 경우, 그녀는 재판관의 허락 없이 혼인할 수 없다. 만일 그녀가 다른 남자와 혼인하려면 재판관은 전남편의 재산 상태에 관해 조사해서 새 남편 될 사람에게 위임하고 (두 사람에게) 전남편의 재산을 잘 돌볼 것과, 아이들을 잘 양육할 것이라는 증명서를 적게 한다. 그녀는 집안의 기구들을 팔아서는 안 되며, 과부의 집에서 기구를 산 이는 그 물건을 잃게 된다. 그 집안의 기구들은 원 주인에게로 돌아간다.

[제178조] 만일 엔투-여사제, 나디투-여사제 또는 세크(레)투Sekr(et)u-여사제의 아버지가 (자기 딸에게) 지참금과 증명서를 주었는데, 그 증명서에서 딸에게 양도권이 있음을 정확히 진술하지 않았을 경우, 아버지가 죽으면 딸의 형제들은 누이의 밭과 과수원을 차지하되, 누이의 몫에 해당하는 곡식 등을 주고 누이를 만족시켜야 한다. 만일 형제들이 그의 몫에 해당하는 곡식 등을 주지 않아 누이를 만족시키지 못할 경우, 딸은 밭을 소작인에게 주어 소작인이 딸의 아버지가 준 밭을 경작하게 하고 그 여자가 살아 있는 동안 이 밭을 사용할 수 있다. 그러나 딸은 이것을 팔아서는 안 되고 다른 이에게 상속으로 주어서도 안 된다. 그 상속재산은 그 여자의 형제에게 속한다.

[제179조] 만일 엔투-여사제, 나디투-여사제 또는 세크(레)투-여사제가 아버지한테서 혼인지참금과, 자신이 원하는 대로 양도할 수 있고 자기에게 완전히 양도권을 준다는 도장 찍힌 증명서를 받았을 경우, 아버지가 죽으면 그 딸은 자기가 원하는 사람에게 자기 재산을 남길 수 있

다. 그 여자의 형제들은 누이에 맞서 반환 소송을 해서는 안 된다.

[제180조] 만일 아버지가 가구Gagû-수도원의 나디투-여사제 또는 세크(레)투-여사제(인) 딸에게 어떤 혼인지참금도 주지 않았을 경우, 아버지가 죽으면 딸은 상속받을 아들과 같이 아버지 재산의 일부를 받는다. 그러나 그 딸이 사는 동안은 그 재산을 사용할 수 있지만 그 여자가 죽으면 그 유산은 형제에게 속한다.

[제181조] 만일 아버지가 신께 예배드리는 나디투-여사제, 카디슈투Qadištu-여사제 또는 쿨마쉬투Kulmašītu-여사제인 딸에게 어떤 혼인지참금도 주지 않았을 경우, 아버지가 죽으면 딸은 아버지 재산에서 자신의 몫으로 1/3을 차지할 수 있다. 그러나 그 딸이 사는 동안은 그 재산을 사용할 수 있지만 딸이 죽으면 그 유산은 형제에게 속한다.

[제182조] 만일 아버지가 바빌론 마르둑의 나디투-여사제(인) 딸에게 혼인지참금을 주지 않고 도장 찍힌 증명서도 주지 않았을 경우, 아버지가 죽으면 딸은 아버지 재산의 1/3을 그의 형제에게서 받는다. 그러나 봉토의무를 수행할 필요는 없다. 마르둑의 나디투-여사제는 그 유산을 자기가 주고 싶은 이에게 줄 수 있다.

[제183조] 만일 아버지가 슈기투-여사제(인) 딸에게 혼인지참금을 주어 딸이 그것을 남편에게 주고 도장 찍힌 증명서를 주었은 경우, 아버지가 죽으면 딸은 아버지 유산을 받을 수 없다.

[제184조] 만일 한 시민이 슈기투-여사제(인) 딸에게 혼인지참금을 주지 않아 딸이 남편에게 주지 못했을 경우, 아버지가 죽으면 딸의 형제는 상응하는 혼인지참금을 누이에게 주어야 하고 딸은 그 혼인지참금을 남편에게 줄 수 있다.[114]

---

114) 상속법과 양자법 사이의 관계는 밀접하다. 제185-193조에서는 양자법을 광범위하게 다루고 있다. 양자에게는 적자가 누리는 모든 권리와 의무가 동등하고 상속권 또한 정당하다.

[제185조] 만일 한 시민이 한 아이를 (입)양하여 아들로 삼아 키웠을 경우, 양자를 돌려보내서는 안 된다.

[제186조] 만일 한 시민이 한 아이를 아들로 삼았는데 입양한 뒤에 그의 아버지와 어머니가 (아이를) 돌려 달라고 요청했을 경우, 이 양자는 부모의 집으로 돌려보내야 한다.

[제187조] 기르시쿠Girsiqû 궁 신하의 아들이나 궁에 속한 이의 아들, 그리고 세크(레)투-여사제의 아들은 돌려보내서는 안 된다.

[제188조] 만일 수공업에 종사하는 이가 한 아이를 양자로 삼아 기술을 가르쳤을 경우, 이 아이는 돌려보내서는 안 된다.

[제189조] 만일 그가 양자에게 수공업 기술을 가르치지 않았을 경우, 이 양자는 자기 아버지 집으로 돌아가도 된다.

[제190조] 만일 한 시민이 한 아이를 아들로 입양해 놓고 자기 자식과 똑같이 대우하지 않았을 경우, 이 양자는 자기 아버지 집으로 돌아가도 된다.

[제191조] 만일 한 시민이 한 아이를 아들로 입양하여 키웠는데, 그가 가정을 이루고 자기 아들을 얻고는 이 양자를 버리려 할 경우, 이 양자를 빈손으로 내보내서는 안 된다. 그가 떠나기 전에 양부는 그에게 자기 재산 가운데 1/3을 유산으로 주어야 한다. 그러나 밭과 목초지와 집은 주지 않아도 된다.[115)]

[제192조] 만일 기르시쿠 궁 신하의 아들이나 세크(레)투-여사제의 아들이 그의 양부모에게 "당신은 나의 아버지가 아니고, 당신은 나의 어머니가 아니오"라고 할 경우, 마을 사람은 그의 혀를 잘라 버려야 한다.

[제193조] 만일 기르시쿠 궁 신하의 아들이나 세크(레)투-여사제의 아들이 양부모를 멸시하고 자기 아버지 집으로 갔을 경우, 마을 사람은 그의 눈을 뽑아야 한다.

---

115) 이는 양자로 삼은 뒤에 자기 자식을 얻더라도, 양자에게 상속지분의 1/3을 지불하라는 조항이다.

[제194조] 만일 한 시민이 자기 아들을 유모에게 주었는데, 그 아들이 유모의 손에서 죽고 이 유모가 그의 아버지나 어머니도 모르게 다른 아이를 키울 경우, 마을 사람은 그녀를 잡아다가 그 유모가 아버지나 어머니도 모르게 다른 아들을 키웠으니 그의 젖을 잘라 버려야 한다.

[제195조] 만일 어떤 시민이 자기 아버지를 때리면, 마을 사람은 그의 손을 잘라 버려야 한다.[116]

⑫ 제196-214조: 신체 상해에 관한 조항[117]

[제196조] 만일 한 시민이 (다른) 시민의 눈을 다치게 했을 경우, 자신의 눈도 다치게 해야 한다.

[제197조] 만일 그가 시민의 뼈를 부러뜨렸을 경우, 그의 뼈도 부러뜨린다.

[제198조] 만일 그가 시민의 눈을 다치게 하거나 궁에 속한 이의 뼈를 부러뜨렸을 경우, 그는 은 1미나를 지불해야 한다.

[제199조] 만일 그가 한 시민의 종의 눈을 다치게 하거나 한 시민의 종의 뼈를 부러뜨렸을 경우, 그는 종을 산 가격의 반을 지불해야 한다.

[제200조] 만일 한 시민이 같은 지위의 시민을 때려 이를 부러뜨렸을 경우, 그 사람은 이를 부러뜨린 자를 때려 그의 이를 부러뜨릴 수 있다.

---

116) "자기 아버지나 어머니를 때린 자는 사형을 받아야 한다"(탈출 21,15).

117) 상속법에 이어 제196-214조는 여러 경우의 신체 상해에 관해 서술하는데, 눈, 뼈, 이, 또는 귀를 자르는 것 등이다. 함무라비 시대는 사회계층이 자유인, 일반서민 그리고 노예 등으로 나눌 수 있다. 함무라비 법전 제196, 197, 200, 209조는 아빌룸에 대한 것이다. 본 조항들은 이른바 '동태복수법'이라 할 수 있다. 한편 제198, 201조에서 가해자는 아빌룸이지만 피해자는 무쉬케눔으로, 이때에는 금전보상으로 '동태보상' 조항이다. 한편 제211, 212조는 서민과 종의 피해자가 있을 경우 보상을 서술하고 있다. 본문에서 볼 수 있는 것은 아빌룸의 경우에만 동태복수가 실행되고, 무쉬케눔이나 바르둠의 경우에는 금전배상이다.

[제201조] 만일 그가 궁에 속한 이의 이를 부러뜨렸을 경우, 그는 은 1/3미나를 지불해야 한다.

[제202조] 만일 한 시민이 자기보다 높은 신분의 시민의 뺨을 때렸을 경우, 그는 사람들이 모인 가운데 황소 꼬리 채찍으로 육십 대를 맞아야 한다.

[제203조] 만일 한 시민이 (다른) 시민의 뺨을 때렸을 경우, 그는 은 1미나를 지불해야 한다.

[제204조] 만일 궁에 속한 이가 궁에 속한 (다른) 이의 뺨을 때렸을 경우, 그는 은 10세켈을 지불해야 한다.

[제205조] 만일 한 시민의 종이 한 시민의 뺨을 때렸을 경우, 사람들은 그 종의 한쪽 귀를 잘라 버려야 한다.

[제206조] 만일 한 시민이 싸우다가 (다른) 시민을 때려 상해를 입혔을 경우, 때린 자는 다음과 같이 맹세해야 한다. "나는 의도적으로 이 사람을 때리지 않았다." 그러고 나서 그는 치료비를 지불해야 한다.

[제207조] 만일 때린 뒤에 다른 시민이 죽었을 경우, 그자가 시민이면 은 1/2미나를 지불해야 한다.

[제208조] 만일 그가 궁에 속한 이일 경우, 그는 은 1/3미나를 지불해야 한다.

[제209조] 만일 한 시민이 다른 사람의 딸을 때려 유산시켰을 경우, 벌금으로 은 10세켈을 내야 한다.[118]

[제210조] 만일 이 여자가 죽었을 경우, 사람들은 그의 딸을 죽여야 한다.

[제211조] 만일 그가 궁에 속한 이의 딸을 때려 유산시켰을 경우, 그

118) 제209-214조는 폭력에 따른 유산 또는 이와 관련된 문제를 다루고 있는데(탈출 21,22-23 참조) 시민의 딸과(제209-211조) 여종의(제213조) 경우 등을 구분하여 상세하게 서술하였다. 함무라비 법전은 벌금형과 상해형 두 가지로 판결을 내린다.

는 은 5세켈을 지불해야 한다.

[제212조] 만일 이 여자가 죽었을 경우, 그는 은 1/2미나를 지불해야 한다.

[제213조] 만일 그가 어떤 시민의 여종을 때려 유산시켰을 경우, 그는 은 2세켈을 지불해야 한다.

[제214조] 이 여종이 죽었을 경우, 그는 은 1/3미나를 지불해야 한다.

⑬ 제215-227조: 의사, 수의사, 이발사 등에 관한 조항

[제215조] 만일 의사가 중상을 입은 시민을 수술해서 완치시켰거나 시민의 관자놀이를 수술해서 열어 시민의 눈을 고쳤을 경우, 그는 은 10세켈을 받는다.

[제216조] 만일 그가 궁에 속한 이일 경우, 그 (의사)는 은 5세켈을 받는다.

[제217조] 만일 그가 시민의 종일 경우, 종의 주인은 의사에게 은 2세켈을 주어야 한다.

[제218조] 만일 의사가 중상을 입은 시민을 수술했으나 시민이 죽거나, 시민의 관자놀이를 열어 수술하다가 시민의 눈을 상하게 했을 경우, 사람들은 의사의 한 손을 잘라야 한다.

[제219조] 만일 의사가 중상을 입은 궁에 속한 이의 종을 수술했으나 그가 죽었을 경우, 의사는 종은 종으로 변상해야 한다.

[제220조] 만일 의사가 종의 관자놀이를 열어 수술했으나 그의 눈을 못 쓰게 했을 경우, 의사는 종을 산 값의 반을 보상으로 지불해야 한다.

[제221조] 만일 의사가 시민의 부러진 뼈를 고쳤거나 병든 부분을 치료했을 경우, 환자는 의사에게 은 5세켈을 주어야 한다.

[제222조] 만일 그가 궁에 속한 이일 경우, 환자는 의사에게 은 3세켈을 주어야 한다.

[제223조] 만일 그가 시민의 종일 경우, 종의 주인은 의사에게 은 2세켈을 지불해야 한다.

[제224조] 만일 수의사가 중상을 입은 소나 당나귀를 고쳤을 경우, 소나 당나귀의 주인은 은 1/6세켈을 수의사에게 노임으로 주어야 한다.

[제225조] 만일 그가 중상을 입은 소나 당나귀를 고치지 못해 죽었을 경우, 수의사는 소를 산 값의 1/4을 소의 주인이나 당나귀 주인에게 주어야 한다.

[제226조] 만일 이발사가 종 주인의 허락 없이 종의 표시인 머리타래를 잘랐을 경우, 사람들은 이 이발사의 한 손을 잘라야 한다.

[제227조] 만일 한 시민이 이발사를 강요하여 이 이발사가 종의 표시인 머리타래를 잘랐을 경우, 사람들은 이 시민을 죽일 것이며 그를 성문에 걸어 둘 것이다. 이발사가 "나는 모르고 그것을 잘랐다"고 맹세하면 그는 자유로이 풀어 주어야 한다.

⑭ 제228–233조: 집 건축에 관한 조항

[제228조] 만일 건축가가 시민의 집을 지어 완성하였을 경우, 시민은 건축가에게 1사르Sar마다 은 2세켈을 보상으로 주어야 한다.

[제229조] 만일 건축가가 시민의 집을 지었는데, 작업이 제대로 이루어지지 않고 그 집이 무너져 집주인이 깔려 죽었을 경우, 이 건축가는 사형에 처한다.

[제230조] 만일 집주인의 아들이 죽었을 경우, 사람들은 이 건축가의 아들을 죽여야 한다.

[제231조] 만일 집주인의 종이 죽었을 경우, 건축가는 집주인에게 종은 종으로 변상해야 한다.

[제232조] 만일 집주인의 소유가 파괴되었을 경우, 파괴된 모든 것을 배상해야 한다. 그리고 그가 집을 제대로 짓지 않아 무너졌으니 건축가

는 자기 돈으로 무너진 집을 다시 지어야 한다.

[제233조] 만일 건축가가 시민을 위해 집을 지었는데 그가 제대로 진행하지 않아 벽 하나가 완성되지 않았을 경우, 이 건축가는 자신의 재료로 이 벽을 완성해야 한다.

⑮ 제234-240조: 배 건축에 관한 조항[119]

[제234조] 만일 뱃사람이 한 시민을 위해 60코르짜리[120] 배를 방수할 경우, 그 시민은 뱃사람에게 은 2세켈을 대가로 주어야 한다.

[제235조] 만일 뱃사람이 한 시민을 위해 배를 방수했는데 그가 제대로 일하지 않아 그 해에 배에 금이 가거나 파손되었을 경우, 뱃사람은 자신의 비용으로 배를 수리하고 배 주인에게 견고한 배를 넘겨주어야 한다.

[제236조] 만일 한 시민이 자기 배를 세 놓았는데 뱃사람이 배를 함부로 다루어 배가 침몰했거나 그와 비슷한 사건이 발생했을 경우, 뱃사람은 배 주인에게 다른 배로 배상해야 한다.

[제237조] 만일 한 시민이 뱃사람과 배를 빌려서 곡식, 양모, 기름, 대추야사 열매 등 다른 짐을 실었는데, 뱃사람이 배를 함부로 다루는 바람에 배가 침몰하여 실은 짐들이 파손되었을 경우, 그 뱃사람은 침몰한 배와 그 안의 모든 것을 배상해야 한다.

[제238조] 만일 뱃사람이 시민의 배를 타다가 침몰하였는데 다시 끌어 올렸을 경우, 뱃사람은 배를 산 값의 반을 주인에게 주어야 한다.

---

119) 의사와 이발사라는 직업에 이어 배를 만드는 일을 소개하면서, 특별한 상황이 벌어질 경우를 예로 들어 문제해결을 시도하였다.

120) 1코르는 약 300리터이다. 300리터의 값은 5세켈과 같다. 곧 60리터가 1세켈인 셈이다.

[제239조] 만일 한 시민이 뱃사람을 [고용할 경우], 그는 뱃사람에게 일 년에 6[코르의 곡식을] 주어야 한다.

[제240조] 만일 노 젓는 [배가] 돛단배와 부딪쳐 그것이 침몰하였을 경우, 침몰한 배 주인은 그가 손해 본 모든 것을 신 앞에 보이고, 노 젓는 배 주인은 돛단배 주인에게 배와 배에 실었던 모든 것을 배상해야 한다.

⑯ 제241-277조: 가격과 임금에 관한 조항

[제241조] 만일 한 시민이 소를 저당 잡았을 경우, 그는 은 1/3미나를[121] 지불해야 한다.

[제242조] 만일 한 시민이 [소를] 일 년간 빌렸을 경우, 소가 (밭갈이를) 마쳤으면 소 빌린 값으로 4코르의 곡식을 지불해야 한다.

[제243조] (밭갈이를) 하는 중이거나 아직 하지 못했을 경우, 소를 빌린 값으로 소 주인에게 3코르의 곡식을 지불해야 한다.

[제244조] 만일 한 시민이 소나 나귀를 빌렸는데 사자가 그 동물을 밭에서 죽였을 경우, 이는 소 주인의 일로 그가 손해를 본다.

[제245조] 만일 한 시민이 소를 빌렸는데 소를 잘못 다루거나 때려 소가 죽었을 경우, 소를 빌린 자는 소 주인에게 소는 소로 변상해야 한다.

[제246조] 만일 한 시민이 소를 빌렸는데 소의 다리를 부러뜨리거나 목을 잘랐을 경우, 그는 소 주인에게 소는 소로 변상해야 한다.

[제247조] 만일 한 시민이 소를 빌렸는데 소의 눈을 상하게 했을 경우, 그는 소 주인에게 소를 산 값의 반을 배상해야 한다.

[제248조] 만일 한 시민이 소를 빌렸는데 그가 소의 뿔을 부러뜨리거나 꼬리를 잘랐거나 등마루 살을 잘랐을 경우, 그는 소 주인에게 소를 산 값의 1/4을 배상해야 한다.

---

121) 1미나는 1/60탈렌트이고 1미나에 해당하는 무게는 약 0.5킬로그램이다.

[제249조] 만일 한 시민이 소를 빌렸는데 신이 소를 쳐서 소가 죽었을 경우, 소를 빌린 시민이 신께 맹세를 하면 그는 자유로이 풀려나야 한다.[122)]

[제250조] 만일 소가 길을 가다가 한 시민을 받아서 그가 죽었을 경우, 피해자의 가족은 소 주인을 상대로 소송을 걸지 못한다.

[제251조] 만일 소가 한 시민을 받았을 경우, 하지만 사람들이 그 소가 받는다고 주인에게 말했는데도 주인이 제대로 간수하지 못해 시민을 받아 죽게 했을 경우, 주인은 은 1/2미나를 유족에게 지불해야 한다.

[제252조] 만일 그가 한 시민의 종이라면, 소 주인은 1/3미나를 지불해야 한다.[123)]

---

122) 위의 내용은 탈출 22,9-14과 비교할 수 있다. "어떤 사람이 이웃에게 나귀나 소나 양이나 그 밖의 어떤 가축이든 지켜 달라고 맡겼는데, 죽거나 다치거나 아무도 보지 않는 사이에 없어졌을 경우, 맡았던 이가 이웃의 물건에 손을 대지 않았다는 것을 주님 앞에서 맹세하여, 두 사람 사이의 시비를 가려야 한다. 그러면 임자는 그것을 받아들이고, 상대방은 배상하지 않는다. 그러니 그것이 도둑을 맞았다면, 그 임자에게 배상해야 한다. 그것이 맹수에게 찢겨 죽었다면, 그것을 증거물로 내놓고, 찢겨 죽은 짐승은 배상하지 않는다. 어떤 사람이 이웃에게 짐승을 빌려 갔다가 그것이 다치거나 죽었을 경우, 그 임자가 같이 있지 않았다면 배상해야 한다. 임자가 같이 있었다면 배상하지 않는다. 그 짐승이 세를 낸 것이면 셋돈은 물어야 한다."

123) 위의 내용은 탈출 21,28-29.35-36과 비교할 수 있다. "소가 남자나 여자를 뿔로 받아서 그가 죽었을 경우, 그 소는 돌에 맞아 죽어야 한다. 그 고기를 먹어서는 안 된다. 이 경우 소 임자는 벌을 받지 않는다. 그러나 그 소가 예전부터 받는 버릇이 있어, 그 주인이 경고를 받고도 그것을 잡도리하지 않아 남자나 여자를 죽였으면, 소가 돌에 맞아 죽어야 할 뿐만 아니라, 주인도 사형을 받아야 한다. … 어떤 사람의 소가 이웃의 소를 받아서 죽게 하였을 경우, 살아 있는 소를 팔아서 그 돈을 나누어 가지고, 죽은 소도 나누어 가진다. 그러나 그 소가 예전부터 받는 버릇이 있다는 사실이 알려졌는데도, 그 주인이 그것을 잡도리하지 않았다면, 소는 소로 배상하고 죽은 소는 자기가 차지한다." 또한 에쉬눈나 법전에서도 비슷한 예가 있다.

[제253조] 만일 한 시민이 밭을 감독할 (다른) 시민을 고용해 파종을 그에게 맡기고 소를 그에게 맡겼을 경우, 그 시민은 그 밭을 경작할 의무가 있다. 그러나 그 시민이 씨나 사료를 훔치고 이것들이 그의 손에서 발견되었을 경우, 훔친 사람의 손을 잘라야 한다.

[제254조] 만일 그가 파종할 곡물을 취하여 소를 굶기면, 그는 그 곡물의 두 배를 배상해야 한다.

[제255조] 만일 그가 시민의 소를 빌려주거나 씨를 훔쳐 밭에 아무것도 자라지 않게 했을 경우, 사람들이 그것을 입증하면 그는 추수 때에 18 이쿠Iku마다 60코르의 곡식을 지불해야 한다.

[제256조] 만일 그가 이를 지불할 능력이 없을 경우, 사람들은 밭에서 그의 소를 끌고 간다.

[제257조] 만일 한 시민이 땅을 빌렸을 경우, 그는 일 년에 8코르의 곡식을 주어야 한다.

[제258조] 만일 한 시민이 소를 빌렸을 경우, 그는 일 년에 6코르의 곡식을 주어야 한다.

[제259조] 만일 한 시민이 경작지에서 쟁기를 훔쳤을 경우, 그는 쟁기 주인에게 은 5세켈을 주어야 한다.

[제260조] 만일 그가 개간지의 쟁기나 써레를 훔쳤을 경우, 그는 은 3세켈을 주어야 한다.

[제261조] 만일 한 시민이 (대)목자에게 소나 작은 가축의 먹이를 빌렸을 경우, 그는 일 년에 8코르의 곡식을 주어야 한다.

[제262조] 만일 한 시민이 소나 양을 빌렸을 경우 ….

[제263조] 만일 그가 [소나] [양을] 잃어버렸을 경우, 그는 그 주인에게 [소는] 소로 [양은] 양으로 변상해야 한다.

[제264조] 만일 [목자가] 소나 작은 가축에게 먹이를 주어 그 가축이 잘 자라 그가 만족할 만큼 삯을 받았으나, 소나 작은 가축들이 줄거나 새끼를 적게 낳았을 경우, 목자는 계약서에 따라 새끼나 이익을 (주인에게)

돌려주어야 한다.

[제265조] 만일 소나 작은 가축을 돌보기로 한 목자가 사기를 쳐서 가축 시장을 어지럽히거나 가축을 팔아먹거나 훔칠 경우, 그는 훔친 소나 가축의 열 배를 배상해야 한다.

[제266조] 만일 가축 떼가 (우연히) 병이 들거나 사자가 (그들을) 죽였을 경우, 목자가 신 앞에서 자신이 무죄임을 맹세하면 가축 떼 주인은 가축 떼에서 죽은 가축들을 돌려받아야 한다.

[제267조] 그러나 목자가 가축 떼를 제대로 돌보지 않아 병이 들었을 경우, 목자는 주인에게 소나 가축을 전적으로 배상해야 한다.

[제268조] 만일 한 시민이 타작을 위해 소를 빌렸을 경우, 그는 20쿠 Qu의[124] 곡식을 대가로 지불해야 한다.

[제269조] 만일 그가 타작을 위해 망아지를 빌렸을 경우, 그는 10쿠의 곡식을 대가로 지불해야 한다.

[제270조] 만일 그가 타작을 위해 염소를 빌렸을 경우, 그는 10쿠의 곡식을 대가로 지불해야 한다.

[제271조] 만일 한 시민이 달구지와 그것을 끌 사람과 소를 빌렸을 경우, 그는 하루에 3세켈의 곡식을 지불해야 한다.

[제272조] 만일 한 시민이 달구지만 빌렸을 경우, 그는 하루에 40쿠의 곡식을 지불해야 한다.

[제273조] 만일 한 시민이 임시로 일꾼을 빌렸을 경우, 그는 연초부터 다섯째 달까지는 하루에 은 6세를 지불하고 여섯째 달부터는 은 5세를 지불해야 한다.

[제274조] 만일 한 시민이 기술자를 고용할 경우 그는 품삯으로 하루에 … 은 5세를 지불해야 한다. 곧 모 짜는 기술자의 품삯은 은 5세이다. 아마포 짜는 기술자의 [품삯은] 은 [x세]이다. 도장 파는 이의 [품삯은] 은

124) 1쿠는 0.1리터다.

[x세]이다. 활 만드는 이의 [품삯은] 은 [x세]이다. 대장장이의 [품삯은] 은 [x세]이다. 목수의 [품삯은] 은 4세이다. 무두장이의 품삯은 은 [x]세이다. 돗자리 짜는 이의 품삯은 은 [x]세이다. 건축가의 [품삯은] 은 [x세]이다.

[제275조] [만일] 한 시민이 …[125] 빌렸을 경우, 그는 하루에 은 3세를 지불해야 한다.

[제276조] 만일 그가 노 젓는 배를 빌렸을 경우, 그는 하루에 은 2.5 세를 지불해야 한다.

[제277조] 만일 한 시민이 60코르짜리 배를 빌렸을 경우, 그는 하루에 1/6(세켈을) 빌린 값으로 지불해야 한다.

⑰ 제278–282조: 종에 관한 조항[126]

[제278조] 만일 한 시민이 남종이나 여종을 샀는데 한 달도 안 되어 그 종이 간질병에[127] 걸렸을 경우, 그는 사온 종을 판 이에게 돌려주고 종을 판 이는 종의 몸값으로 받은 돈을 돌려주어야 한다.

[제279조] 만일 한 시민이 남종이나 여종을 샀는데 문제가 있다고 판 자에게 항의를 할 경우, 판 자는 이 항의를 받아들여야 한다.

[제280조] 만일 한 시민이 외국에서 남종이나 여종을 샀는데, 고향으로 돌아온 뒤에 다른 사람의 남종이나 여종이었음이 밝혀졌을 경우, 그 종이 같은 나라 사람이면, 그는 돈을 받지 않은 채 남종이나 여종을 원주인에게 돌려주어야 한다.

[제281조] 만일 그 종이 다른 나라 사람이면, 종을 산 이는 신 앞에서 그가 그 종을 살 때 지불한 돈을 말해야 한다. 남종이나 여종의 주인은

---

125) '긴 배'를 의미하는 것으로 보인다.

126) 함무라비 법전은 종에 관한 내용을 담은 다섯 규정으로 끝난다. 이것은 나중에 첨가된 것으로 보인다.

127) 의미가 불확실하여 *ANET*에 따라 간질병으로 옮긴다.

이 종을 산 이에게 그 돈을 지불하고 그 종이나 여종을 사야 한다.

[제282조] 만일 종이 주인에게 "당신은 나의 주인이 아니오"라고 하면 주인은 그 종이 자신의 종이었음을 입증해야 한다. 이 사실이 밝혀지면 그 주인은 종의 한쪽 귀를 잘라낸다.128)

결언129)

이것은 지혜의 임금 함무라비가 제정한 정의로운 판례로, 함무라비는 자신의 땅의 민족을 가르쳐서 선하게 이끌려고 하는 것이다.

나 함무라비는 존귀한 임금으로, 엔릴이 선사하고 마르둑이 방목하도록 준 백성들을 위해 태만하거나 부주의하지 않았다. 나는 백성을 위해 안전한 장소를 찾았고 어려운 길에서 도왔으며, 나는 그들을 위해서 빛을 펼쳤다. 자바바Zababa와130) 이쉬타르가 나에게 준 강한 무기와 에아

128) 탈출 21,2-11에도 노예 규정이 있는데, 이 본문과는 상당한 거리가 있다. 탈출기에서는 빚 때문에 종이 된 사람이 동족이라면, 여섯 해 동안 일하게 하고 일곱째 해에는 대가 없이 해방해야 한다고 규정한다. "너희가 히브리인을 종으로 샀을 경우, 그는 여섯 해 동안 종살이하고, 일곱째 해에는 대가 없이 자유로운 몸으로 풀려 나간다. 그가 홀몸으로 들어왔으면 홀몸으로 나가고, 아내를 데리고 왔으면 아내도 그와 함께 나간다. 주인이 그에게 아내를 얻어 주어, 그 아내가 그에게 아들이나 딸을 낳아 주었으면, 그 아내와 자식들은 주인 차지가 되고, 그는 홀몸으로 나간다. 그러나 그가 '나는 주인과 내 아내와 아들들을 사랑하기 때문에, 자유로운 몸으로 나가지 않겠습니다.' 하고 선언하면, 주인은 그를 하느님께 데리고 가서 문짝이나 문설주에 다가세우고, 그의 귀를 송곳으로 뚫는다. 그러면 그는 종신토록 그의 종이 된다"(탈출 21,2-6).

129) 결언에는 임금에 대한 짧은 축복과 더불어, 함무라비의 법을 준수하지 않는 자들에게 내릴 신들의 저주를 담고 있다. 지혜의 임금 함무라비는 자신이 제정한 정의로운 판례로 그 땅의 모든 민족을 가르쳐 선하게 이끌려 했다.

130) '자바바'는 전쟁의 신이며 동시에 키쉬 성읍의 신이다.

가[131] 준 지혜, 마르둑이 준 용맹으로 나는 위에 있거나 아래에 있는 원수들을 그 항거에서 멸절하고 땅의 평화와 안녕을 지키며, 양을 목초지로 이끌듯이 그 지역의 주민들을 평화롭게 이끌리라. 위대한 신들이 나를 불렀다. 구원을 가져다 주는 목자의 정의로운 지팡이를 가진 나는, 나의 선한 그늘이 나의 도시를 덮고, 수메르와 아카드의 주민을 나의 품속에 놓으며, 나를 보호하는 여신이 그들을 성공하도록 이끌고, 내가 그들을 평화로 향하게 하면, 나의 지혜로 그들을 구원하였다. 그럼으로써 강자가 약자에게 피해를 주지 않게 하였고, 고아나 과부를 그 법으로 돕기 위해서였다. 나는 아누와 엔릴이 세우고 그 기초를 하늘과 땅에 둔 에사길Esagil 신전이 있는 바빌론에서 정의를 실현하고, 황폐해진 법을 바로잡을 것이며, 나의 중요한 말들을 입상돌에 새겨 '정의의 신'의 이름으로 세울 것이다.

도시의 임금들을 지배하는 임금인 내가 하는 말을 중요하게 읽어야 한다. 내가 하는 말처럼 지혜로운 말은 없다. 하늘과 땅의 재판관인 태양신의 명령으로 나의 정의는 그 땅에서 실현되고 나의 주군이신 마르둑의 명령에 따라 그 어느 것도 파괴되지 않을 것이다. 사랑하는 에사길에서 나의 이름은 영원히 되풀이될 것이다.

법률상으로 억울한 일을 당한 시민은 '정의의 임금' 입상, 곧 나의 법률이 서술된 돌 앞에 와서 그 법을 읽고, 나의 법을 담은 돌은 그에게 그 내용을 소개해야 한다. 그러면 시민은 무엇이 정의로운가를 발견하고 마음이 기뻐서 다음과 같이 말할 수 있어야 한다. "백성들에게 아버지 같은 주군이신 함무라비는 그의 신인 마르둑의 뜻을 하늘과 땅에 이르도록 노력하였고, 마르둑의 마음을 기쁘게 하고 백성들을 편안하게 살도록 규정하였으며 땅에 법을 제정하였다." 이것을 그가 말하기 바라며, 나의 신 마르둑과 나의 여신 자르파니투Zarpanitu[132] 앞에서 온 마음으로 나를 축

131) 또는 '엔키'Enki로 볼 수도 있다.
132) '자르파니투'는 마르둑의 부인이다.

복하기 바란다. 에사길에 머무는 보호의 남신과 여신은 매일 나의 신 마르둑과 여신 자르파니투 앞에서 나의 소리에 따라 올바로 행하기 바란다.

미래에 이 땅에 즉위하는 임금은 내가 돌에 새겨 놓은 정의의 말에 귀를 기울이고, 내가 기쁘게 받아들인 법을 바꾸거나 폐기하지 않기 바란다. 만일 임금이 나라를 올바로 이끌 통찰력과 능력이 있다면, 내가 돌에 새겨 놓은 이 법을 주시하고 받아들여서, 내가 이 땅에 펼친 정의와 나라를 위해 내린 올바른 결정들을 이 돌을 통해 볼 것이다. 이 돌이 백성들을 올바로 이끌 것이고 백성들에게 정의를 펼칠 것이며 그 땅에 있는 악인들을 구분하여 격리시켜 백성을 편안히 살게 할 것이다.

태양신은 정의의 임금인 함무라비에게 법을 선물하였다. 나의 말을 잘 읽어야 하고 나의 행위는 그들의 행위와 다르다. 비이성적인 이들에게는 내 말이 무의미하겠지만, 현인에게는 찬미할 만하며 탁월하다.

돌판에 새긴 나의 말을 지키고 나의 법을 파괴하지 않고 나의 말을 찌그러뜨리지 않으며 변경하지 않는 사람에게, 태양신께서는 정의의 임금인 나에게 하신 것처럼 그를 장수를 누리게 하시고 그의 가족들을 정의로 보호해 주시기 바란다.

그러나 돌판에 새긴 나의 말을 지키지 않으며 신들의 저주를 두려워하지 않고 나의 법을 파괴하고 나의 말을 찌그러뜨리며 나의 법을 변경하고 나의 이름을 지우며 그의 이름을 새겨 넣거나 이 저주에 다른 말을 넣는 사람에게는, 그가 임금이거나 영주이거나 또는 사람들에게 사랑을 받는 이더라도 다음의 저주가 있기를 바란다.

신들의 아버지며 나에게 왕국을 주신 위대한 아누는, 그에게서 왕국을 빼앗고 그의 왕홀을 부수고 그의 운명을 저주하시기 바란다.

나의 왕국을 거대하게 하고 운명을 규정하여 그의 명령을 변경할 수 없는 신이신 엔릴은, 제압할 수 없는 소동과 절망으로 그를 파멸시키며 그의 집에서 …, 고통스러운 왕권의 시간, 기근의 날과 해, 빛이 없는 어둠, 갑작스런 죽음으로 그의 운명을 결정하시기를 바란다. 그의 성읍이 멸망하고 사람들이 흩어지고 왕권이 바뀌며 그의 이름과 사유가 그의 땅에서 사라지도록 명령하시기를 바란다.

위대한 어머니며 에쿠르Ekur에서 강력한 명령을 내고 나의 요청을 들어주시는 닌릴Ninlil은, 엔릴 앞에서 재판과 결심으로 그의 말을 무효로 하시기 바란다. 그 땅이 파괴되고 주민들이 멸망하여 그 영혼이 물과 같이 쏟아지게 하시기를 바란다.

위대한 영주로서 운명을 결정하며 신들 가운데 가장 지혜로운 이로 모두가 신뢰하고 나의 생명을 연장시키시는 에아는, 그에게서 지식과 지혜를 가져가 그를 혼돈으로 이끄시기 바란다. 그의 강물과 그 샘이 마르고, 그의 영역에는 곡물이 나지 않으며 사람들과 관계가 깨지게 하시기를 바란다.

하늘과 땅의 위대한 재판관이며 살아 있는 것들을 올바르게 이끌고 나의 주인이시며 지지자이신 태양신 샤마쉬는, 그의 왕국을 멸망시키시기 바란다. 샤마쉬는 그를 돕지 않을 것이며 그의 길은 혼란스럽게 될 것이다. 또한 그의 군대의 발을 미끄러지게 할 것이며, 왕국을 뿌리째 뽑는 것과 그 땅의 멸망을 의미하는 희생 제물의 예견에서 나쁜 징조를 보여 그를 자를 것이다. 태양신 샤마쉬의 심판의 말이 급격하게 그에게 내려, 위로는 그가 살아 있는 것과 단절되고 아래로는 지하세계에서 죽은 영혼이 목마르게 하시기를 바란다.

하늘의 주인이시요 나의 창조주이시며 신들 가운데 체벌을 하시는 신Sin은,[133] 그에게서 왕관과 왕좌를 빼앗으시기를 바란다. 그에게 중벌을 내려 이것이 그의 삶에서 떠나지 않고 그의 권좌 내내 있다가 비참과 탄원으로 끝맺으며, 그의 왕권에 맞설 자가 나와 그의 생명이 끝나고 그러한 운명으로 규정되게 하시기를 바란다.

---

133) '신'은 달 신이다.

풍요의 주인이시며 하늘과 땅에 물을 대는 나의 조력자이신 아닷은, 하늘에서 내리는 비와 샘에 있는 풍부한 물을 그자에게서 빼앗아, 그의 땅이 부족함과 기근으로 처참하게 되어 그의 성읍들이 그에 대한 분노로 부르짖고 그 땅이 홍수로 파괴되게 하시기를 바란다.

위대한 전사요 에쿠르의 장자이며 나의 오른쪽에서 행진하신 자바바는, 전쟁터에서 그의 무기를 부수고 낮을 밤으로 바꾸어 그의 원수가 그를 눌러 승리하도록 하시기를 바란다.

살육과 전투의 여신이요 나의 무기를 훈련시키고 나를 보호하시는 여신이며 나의 왕조를 사랑하시는 이쉬타르는, 분노의 마음과 큰 진노로 그의 왕국을 저주하여 그의 선을 악으로 바꾸고 살육과 전투에서 그의 무기가 부러지고 혼란과 폭동이 일어나며 전사들은 찔려 죽어 그 피가 땅 위에 물들고 그의 군대의 시체가 산을 이루어도 어떤 동정도 받지 못하며, 그를 적의 손에 넘겨 적이 그를 묶어 적의 땅으로 끌고 가게 하시기를 바란다.

신들 가운데 가장 힘이 세며 전쟁에서 누구도 대적할 수 없고 나의 소망을 이루어 주실 네르갈Nergal은, 그의 위대한 무기로 그의 사람들을 갈대에 붙은 불과 같이 태워 버리고 강력한 무기로 그를 …, 그의 몸을 마치 진흙에서 취한 그릇처럼 산산조각 내시기를 바란다.

땅의 고상한 여주인이요 나를 낳아 주신 어머니 닌투는, 그를 상속자로 삼지 않고 그가 이름을 가지지 못하도록 하여, 그의 사람들 가운데 자손을 만들어 주지 않으시기를 바란다.

아누의 딸로서 에쿠르에서 나를 위해 선한 말을 한 닌카락Ninkarrak은, 그에게 중병과 악한 병마, 어떤 의사도 치료할 수 없고 고칠 수 없는 고통스런 상처를 주어 완치되지 않고 평안히 쉴 수 없도록 하여 그의 생이 끝날 때까지 기력을 잃고 계속 슬퍼하게 하시기를 바란다.

하늘과 땅의 위대한 신들, 모든 아눈나쿠Anunnaku의 신들, 신전을 보호하는 신과 에밥바라Ebabbara에 계신 모든 신은, 그의 사람들, 땅, 군대,

그의 용사에게 저주를 내리시고 이 저주와 더불어 엔릴은 바꿀 수 없는 말로 그를 저주하시며, 이 (저주가) 그에게 순식간에 이르기를 바란다.

5. 중기 아시리아 법전

해 제

중기 아시리아 법전Mittelassyrische Gesetze(MAG)은 제1차세계대전 전에 독일 고고학자들이 고대 아시리아 도시에서 발굴했다. 아시리아의 아쑤르우발릿 1세(기원전 1353-1330년)는 미탄니 제국의 멸망을 틈타 제국을 부흥시켰다. 이 법전은 아시리아의 티글랏 필에세르Tiglat-pileser 1세(기원전 1114-1076년) 때에 만들어진 것으로 보인다. 이때는 이집트에서 탈출한 히브리 백성들이 가나안에 정착해서 살았던 초기라 할 수 있으며, 판관 시대와도 연결된다. 티글랏 필에세르 1세는 니네베에 왕궁을 새로 세우고 아누-아닷Anu-Adad 신전과 도서관을 지었다. 그는 넓은 지역을 지배하여 동쪽으로는 자그로스 산악 지대, 북쪽으로는 터키의 동쪽 지역에까지 세력을 펼쳤다. 이때 중기 아시리아 법전이 편찬되었다. 이 법전은 기원전 12세기 초 서기관들이 필사하였다. 법전의 구성은 다음과 같다.

제1-9조: 절도와 배상에 관한 조항
제10-11조: 훼손되었다.
제12-18조: 혼외관계에 관한 조항
제19-20조: 동성애에 관한 조항
제21-24조: 배상에 관한 조항

제25–29조: 유산과 상속에 관한 조항
제30–32조: 혼인 선물에 관한 조항
제33조: 수혼법에 관한 조항
제34–35조: 과부와 혼인하는 것에 관한 조항
제36–38조: 부인에 관한 조항
제39–40조: 채무 대신 딸을 주는 것에 관한 조항
제41–43조: 유산에 관한 조항
제44조: 종을 샀을 경우에 관한 조항
제45–46조: 적에게 잡힌 부인과 남편을 잃은 부인에 관한 조항
제47조: 마술하다 잡힌 사람에 관한 조항
제48(–49)조: 채무 대신 딸의 보관에 관한 조항
제50–53조: 유산流産과 보상에 관한 조항
제54조: 훼손되었다.
제55–56조: 순결을 잃은 딸에 관한 조항
제57–58조: 훼손되었다.
제59조: 부인에 관한 예외 조항
날짜

법조항

[제1조] 만일 한 시민의 부인이나 딸이 신전에 들어와 신전에 있는 거룩한 것을 훔쳤는데, 그 훔친 물건이 [그 여자의 손에] 있거나 누군가 (훔친) 사실을 입증하였을 경우, [사람들은] … 그리고 신께 물어보아야 한다. 신이 … 명령한 대로 그 여자를 다뤄야 한다.

[제2조] 만일 한 시민의 부인이나 딸이 나쁜 말을 퍼뜨리거나 나쁜 행위를 했을 경우, 이 부인은 이에 해당하는 벌을 받아야 한다. 그러나

그 여자의 남편이나 아들과 딸들에게 그 죄를 물어서는 안 된다.

[제3조] 만일 한 시민이 병들거나 죽어 그의 부인이 자기 집의 물건을 훔쳐서 다른 시민이나 다른 부인이나 다른 사람에게 주었을 경우, 사람들은 그 부인과 훔친 물건을 받은 이들을 죽여야 한다. 그러나 시민의 부인이 남편이 건강한데도 자기 집의 물건을 훔쳐서 다른 시민이나 다른 부인이나 다른 사람에게 주었다는 것을 그 부인의 남편이 증명하였을 경우, 그 부인은 벌을 받아야 하고 그 물건을 받은 사람들에게도 그 부인이 받은 벌과 똑같은 죄를 물어야 한다.

[제4조] 만일 남종이나 여종이 시민의 부인에게서 어떤 것을 받았을 경우, 사람들은 그 남종과 여종의 코와 귀를 잘라야 하고 종들은 훔친 것들을 배상해야 한다. 시민은 부인의 귀를 잘라야 한다. 만일 그가 부인이 고통 받지 않기를 원할 경우, 그 부인의 귀를 잘라서는 안 되고 또한 남종이나 여종의 (코와) 귀도 잘라서는 안 된다. 그들은 훔친 것에 대한 배상을 하지 않아도 된다.

[제5조] 만일 한 시민의 부인이 다른 시민의 물건을 훔치고 이로 인해 동[1] 5미나를[2] 지불하게 했을 경우, 물건을 도둑맞은 이는 "나는 내 집에 있는 것을 털라고 충동질하지 않았다" 하고 맹세해야 한다. 만일 그 여자의 남편이 이 모든 것을 인정하고 배상하기로 했다면 남편은 그것을 배상하고 그 여자를 데려올 수 있다. 그러나 그는 부인의 귀를 잘라야 한다. 만일 남편이 배상하지 않겠다면 도둑맞은 이는 그 여자의 코를 잘라야 한다.

[제6조] 만일 한 시민의 부인이 장물을 외부로 빼돌렸을 경우, 이것을 받은 이는 도둑으로 체포해야 한다.

---

1) 대체로 돈의 단위를 '은'으로 계산하는데, 이 법전은 은이 아닌 '동' 또는 '주석'으로 서술하고 있다. 필자는 '동'으로 해석한다.

2) 1미나는 약 500그램을 말한다.

[제7조] 만일 한 시민의 부인이 다른 시민의 지갑을 훔친 사실이 입증되었을 경우, 그 부인은 동 30미나를 지불해야 한다. 그리고 사람들은 그 부인을 나무막대기로 20대를 때려야 한다.

[제8조] 만일 한 여자가 남자와 싸우다가 그 남자의 고환 하나를 다치게 했을 경우, 사람들은 그 여자의 손가락을 잘라야 한다. 그런데 의사가 그것을 봉합했는데도 상한 고환이 다른 고환을 감염시켜 … 경우, 또는 그 여자가 싸우다가 나머지 고환도 다치게 했을 경우, 사람들은 그 여자의 두 [눈을] 뽑아야 한다.[3)]

[제9조] [만일] 한 시민이 (다른) 시민의 부인에게 손을 넣어 그 부인을 마치 (발정한) 소처럼 취급할 경우,[4)] 사람들이 이것을 입증하면 사람들은 그의 손가락 하나를 잘라야 한다. 만일 그가 그 여자와 키스를 했을 경우, 사람들은 도끼로 그 남자의 아래 입술을 잘라야 한다.

[제10조] ….

[제11조] ….

[제12조] 만일 한 시민의 부인이 거리를 지나는데 (다른) 시민이 그 부인에게, "나는 당신과 함께 살고 싶다"고 하여 그 부인이 승낙하지 않고 거절했는데도 그 시민이 폭력으로 그 여자를 취하여 그 여자와 함께 산 경우, 만일 이 사람이 부인에게 성관계를 시도한 사실에 대해 다른 시민이 증거를 가지고 입증할 경우, 사람들은 이 시민을 죽이되 그 부인은 아무런 잘못이 없다.

[제13조] 만일 한 시민의 부인이 집에서 나와 (다른) 시민의 집에서 살 경우, 이 부인이 다른 시민의 부인이라는 사실을 알고도 같이 살았다면, 사람들은 그 시민과 집에서 나온 이 부인을 죽여야 한다.

---

3) "두 사람이 싸울 때, 한 사람의 아내가 남편을 때리는 사람의 손에서 남편을 구해 내려고 손을 내밀어 그 사람의 치부를 붙잡을 경우, 너희는 그 여자의 손을 잘라 버리고, 동정해서는 안 된다"(신명 25,11-12).

4) *ANET*는 '마치 어린아이처럼 취급할 경우' 로 번역하였다(*ANET*, 181).

[제14조] 만일 한 시민이 그 여자가 (다른) 시민의 부인이라는 사실을 알고도 여관이나 어떤 장소에서 다른 시민의 부인과 동침했을 경우, 남편이 부인을 다루는 그대로 사람들은 이 시민을 다뤄야 한다. 만일 시민이 그 부인이 다른 시민의 부인이라는 사실을 몰라서 그 여자와 동침했을 경우, 그 시민은 죄가 없다. 시민은 그 부인이 이런 여자라는 사실을 입증해야 하며, 이 사실에 따라 그의 생각대로 부인을 취급해야 한다.

[제15조] 만일 한 시민이 자기 부인과 (다른) 시민이 함께 있는 것을 잡았을 경우, 그는 사람들에게 이 사실을 증명해야 하며 이것이 입증되면 두 사람은 죽여야 한다. 시민 편에서는 어떤 잘못도 없다. 만일 그가 남자를 잡아 임금이나 재판관에게 데려가 사실을 입증하고는 자기 부인을 죽이길 바라면, 그 (다른) 시민도 죽여야 한다. 만일 그가 부인의 코를 자르기를 바라면, 그는 (다른) 시민의 성기를 거세하고 사람들은 그의 얼굴을 파괴해야 한다.[5] 그러나 시민이 자기 부인을 [용서하고 싶어 하면], 사람들은 (다른) 시민 또한 용서해야 한다.

[제16조] 만일 한 시민이 [다른 시민의] 부인이 원해서 그 여자와 동침했을 경우, 이 시민은 무죄다. 시민(남편)은 자기 부인을 이에 해당하는 법에 따라 처벌할 수 있다. 그러나 그 시민이 폭력으로 그 여자와 동침했다는 사실을 사람들이 입증하여 그가 인정하면, 그는 부인이 처벌되는 것과 똑같이 처벌되어야 한다.[6]

[제17조] 만일 한 시민이 (다른) 시민에게 "당신의 부인이 다른 남자와 동침한다"고 했지만 증인이 없을 경우, 그들은 합의 하에 강(의 신)으

---

5) 구체적으로 얼굴을 어떻게 파괴했는지는 알 수 없다. 부인의 경우 코를 자른 것처럼 얼굴 어딘가를 상하게 하여 누가 봐도 어떤 죄를 지었는지 알 수 있게 한 것 같다.

6) 제12조에 따르면 이럴 경우 여자는 아무런 죄가 없다. 그런데 이 조항에서는 처벌을 규정하고 있으니 제12조와는 상충하며 상식적으로도 이해하기 어렵다.

로 가서 사실 여부를 입증해야 한다.[7)]

[제18조] 만일 한 시민이 친구와 싸우다가 "네 부인이 다른 사람과 동침을 했다. 내가 이것을 증명할 수 있다"고 말해 놓고 입증하지 못하거나 입증되지 않았을 경우, 사람들은 이 말을 한 시민을 나무막대기로 40대 때려야 한다. 그리고 그는 한 달 동안 임금을 위해 부역을 해야 하며 … 동 1탈렌트를[8)] 주어야 한다.

[제19조] 만일 한 시민이 자기 친구와 관련하여 "그 사람이 다른 사람과 동침했다"라는[9)] 말을 몰래 세상에 퍼뜨리고 다녔거나, 자기 친구와 싸우다가 사람들 앞에서 "그 사람이 다른 사람과 동침했다. 내가 이것을 증명할 수 있다"라고 말했는데 그가 이 사실을 입증하지 못하거나 입증되지 않았을 경우, 사람은 이 말을 한 시민을 나무막대기로 50대 때려야 한다. 그리고 그는 한 달 동안 임금을 위해 부역을 해야 하며, … 동 1탈렌트를 주어야 한다.

[제20조] 만일 어떤 남자가 친구인 다른 남자와 같이 살고[10)] 있는 것이 입증되고 또 그들이 이것을 인정했을 경우, 사람들은 이 사람들의 성기를 거세해야 한다.

[제21조] 만일 한 시민이 (다른) 시민의 딸을 때려 유산했을 경우, 사람들이 이 사실을 증명하면 그는 동 30미나를 지불해야 한다. 그리고 사람들은 그를 나무막대기로 50대 때리고, 그는 또한 한 달 동안 임금을 위해 부역을 해야 한다.

---

7) 이 조항은 부인이 결백한가를 확인하기 위해 부인을 강에 던진다기보다 아마도 증인 없이 남편과 남편에게 말한 사람이 합의하여 강으로 가서 신의 결정을 기다린다는 말일 것이다.

8) 약 30킬로그램으로 미나로 환산하면 60미나이다. 따라서 이 손해배상은 대단히 큰 것이다.

9) 이것은 동성애를 말한다.

10) 동성애를 가리킨다.

[제22조] 만일 다른 시민이 여자의 아버지나 형제나 아들도 아니면서 한 시민의 부인과 함께 여행을 했는데 그 부인에게 남편이 있다는 사실을 알지 못했을 경우, 그는 맹세를 하고 동 2탈렌트를 부인의 남편에게 지불해야 한다. 만일 [부인이 남편이 있는 여자라는 사실]을 [알았을] 경우, 그는 이로 인한 손해를 배상하고 "나는 이 여자와 동침하지 않았다"고 [맹세해야 한다]. 그러나 만일 그 부인이 "이 남자는 나와 동침했다"고 맹세하면, 이에 따른 손해를 배상한 시민은 강(의 신)[으로] 가야 한다. 그의 … 미리 결정되어서는 안 된다. 만일 그가 강(의 신)에서 돌아오면, 사람들은 그 여자의 남편이 남자에게 한 것처럼, 부인도 같은 방식으로 다루어야 한다.

[제23조] 만일 한 시민의 부인이 (다른) 시민의 부인을 자기 집에 데려와서 (또 다른) 시민과 동침하도록 주었는데 (이) 시민이 그 여자가 한 시민의 부인인 것을 알았을 경우, 사람들은 그를 한 시민의 부인과 동침한 자와 동일하게 다루어야 한다. 그리고 간통한 여자의 남편이 자신의 아내를 다루는 그대로 그 중매쟁이를 다루어야 한다. 만일 그 여자의 남편이 간통한 자기 부인에게 책임을 묻지 않을 경우, 사람들은 동침한 자와 중매쟁이에게도 책임을 묻지 않고 그 여자도 무죄다. 그러나 만일 한 시민의 부인이 제대로 알지 못한 가운데 그 여자를 집에 데려간 여자가 핑계를 대며 한 시민을 그 여자에게 데리고 와 그가 그 여자와 동침하였을 경우, 그녀가 집에서 나와 강간을 당했다고 하면 이 부인은 무죄다. 그러나 동침한 자와 중매쟁이는 죽여야 한다.[11] 한편 부인이 이렇게 말하지 않을 경우, 시민은 부인에게 뜻대로 벌을 내려야 하고, 동침한 자와 중매쟁이는 죽여야 한다.

---

11) 강제 성추행과 연관된 내용이 여럿 있는데, 성 안에서 강제 성추행을 당했을 경우는 다양한 판결이 나올 수 있지만, 성 밖에서 성추행을 당했을 경우 여자는 무죄고 성추행한 이는 사형에 처한다(신명 22,13-29 특히 23-29절 참조).

[제24조] 만일 한 시민의 부인이 남편에게서 도망쳐 아시리아의 어떤 도시나 주변 지역의 여자 집에서 사나흘 지냈는데, 그 집의 바깥주인은 이 부인이 자기 집에서 며칠 지냈다는 사실을 모르는 가운데 이 부인이 남편에게 잡혔을 경우, 남편은 부인을 [절단하되(불구로 만들되)] 집으로 데려올 수는 [없다]. 또한 사람들은 도망친 부인이 머물던 집의 여주인의 귀를 잘라야 한다. 만일 그(도망자 남편)가 원할 경우 이 여자(여주인)의 남편은 동 3탈렌트와 30미나를 그 여자를 위해 지불하거나 또는 그(도망자 남편)가 원할 경우 그 부인(여주인)을 취할 수 있다. 그러나 그 바깥주인이 다른 시민의 부인이 도망쳐서 자기 집의 부인 처소에 머문다는 사실을 알았을 경우, 그는 세 배를 지불해야 한다.[12] 만일 그가 이것을 부정하고 "나는 이 사실을 몰랐다"고 말하면, 사람들은 그를 강(의 신)으로 데려가야 한다. 만일 도망친 부인이 머물던 집의 바깥주인이 강(의 신)에서 돌아올 경우, 그는 죄가 없으니 강(의 신)의 값을 그(도망자 남편)가 지불해야 한다.[13] 그러나 도망친 부인의 남편이 부인을 절단하지(불구로 만들지) 않고 그 부인을 다시 데려가기를 원할 경우, 어떤 처벌도 해서는 안 된다.

[제25조] 만일 한 여자가 아버지 집에 머물고 있는데 남편이 죽었을 경우, (남편의 유산이) 남편의 형제들과 공동 소유인데 그 여자에게 아들이 없다면, 그 유산을 공동으로 소유하는 남편의 형제들은 모든 재산(보석)을 취할 수 있다. 한편 나머지 재산에 대해서는 사람들이 신께 가지고 와서 그것에 대해 입증하고 남편에게 아들들이 없다면, 이것은 부인에게 돌아간다.

[제26조] 만일 한 여자가 아버지 집에 머물고 있는데 남편이 죽었을 경우, 남편에게 아들이 있다면 남편이 여자에게 준 모든 재산(보석)은 아들에게 속한다. 그에게 아들이 없다면 그 여자는 모든 것을 상속받는다.

---

12) 동 3탈렌트와 30미나의 세 배일 것이다.

13) 이는 무고죄에 대한 손해배상을 가리킨다.

[제27조] 만일 한 여자가 아버지 집에 머물고 있는데 남편이 여자를 정기적으로 방문했을 경우, 남편에게 속한 재산 가운데 여자에게 준 통상적인 유산을 그 여자는 취할 수 있다. 그 여자는 아버지 집에 속하는 것을 취할 수는 없다.

[제28조] 만일 과부가 한 시민의 집에 시집오면서 전남편의 아들을 데려와 이 아들이 새로 혼인한 남편의 집에서 성장을 했는데 그에게 양자 계약서를 써 주지 않았을 경우, 아들은 양육자의 집에서는 아무 유산의 몫도 없을 뿐더러 채무를 갚을 의무도 없다. 그는 친아버지의 집에서 그에게 속한 유산의 몫을 받는다.

[제29조] 만일 한 여자가 혼인하여 남편 집에서 살 경우, 자기 혼인지참금과 아버지 집에서 가져온 모든 것과 시아버지가 준 모든 것을 가지고 남편 집으로 들어가 살 수 있다. 그것들은 여자 자식에게 부여된 재산이니 시아버지의 아들들은 (부인의 것을) 취할 수 없다. 그러나 부인의 남편이 그것을 취하게 되면 그는 이것을 사랑하는 아들에게 상속 재산으로 줄 수 있다.

[제30조] 만일 아버지가 아들 장인의 집으로 혼인선물을 보냈는데 아직 부인을 아들에게 주지 않았을 경우, 아버지 집에 머무는 부인 있는 다른 아들이 죽으면 장인 집에 혼인선물을 보낸 아들을 (혼자 된) 며느리의 남편으로 주어야 한다. 만일 (혼인선물)을 이미 받은 딸의 아버지가 자기 딸을 주지 않을 경우, 그렇게 할 수 있다. 혼인선물을 보낸 아버지는 며느리를 취하여 아들에게 줄 수 있다. 만일 아버지가 원할 경우 자신이 준 모든 것, 곧 동, 은, 금 등은 다시 받으나 먹을 수 있는 것들은 돌려받을 수 없다.[14)]

[제31조] 만일 한 시민이 장인 집으로 혼인선물을 보냈는데 부인될 이가 죽었을 경우, 그러나 장인에게 또 다른 딸이 있어서 장인이 허락한

14) 이 조항은 수혼법의 예를 잘 서술한 규정이다.

다면, 그는 죽은 부인 대신 (다른) 딸과 혼인할 수 있다. 그러나 그가 원하면 자신이 보낸 혼인선물인 은을 돌려받을 수 있다. 곡식, 양 등의 먹을 수 있는 것들은 돌려받을 수 없고, 단지 은만을 돌려받을 수 있다.

[제32조] 만일 아직 아버지의 집에 머무는 여자가 자신의 … 지불하였을 경우, 그 여자가 혼인하여 시집으로 들어갔든 가지 않았든 간에 남편의 채무나 죄 등에 책임이 있다.

[제33조] [만일] 한 여자가 아버지 집에 사는데 여자의 남편이 죽고 아들이 있을 경우, … 아버지는 그 여자를 시아버지와 혼인시킨다. 만일 그 여자의 남편과 시아버지마저 죽고 그 사이에 아들이 없을 경우, 그 여자는 과부로서 자기가 가고 싶은 곳으로 갈 수 있다.[15)]

[제34조] 만일 한 시민이 한 과부와 혼인을 했는데 그 여자와 혼인계약서를 쓰지 않은 채 남편의 집에서 2년 동안 살았을 경우, 그 여자는 부인으로 인정받고 그 집에서 쫓겨나지 않는다.

[제35조] 만일 한 과부가 한 시민의 집에 시집왔을 경우, 이제 그 과부에게 속한 모든 것은 남편의 소유가 된다. 이와 반대로 한 시민이 한 여자의 집으로 들어왔을 경우, 그에게 속한 모든 것은 부인의 소유가 된다.

[제36조] 만일 한 여자가 아버지의 집에 살거나 아니면 남편이 그 여자를 다른 곳에 살게 하고는 남편은 들로 나가 여자에게 기름, 양모, 옷, 음식 등을 대 주지 않을 경우, 부인은 5년 동안 남편을 기다려야 한다. 그런 뒤에는 다른 남자의 집으로 들어갈 수 있다. 만일 아들이 있을 경우, 그를 고용살이에 보내어 스스로 먹을 것을 챙기도록 해야 한다. 부인은 남편을 (5년 동안은) 기다리고 (다른) 남자 집으로 들어가서는 안 된다. 만일 부인에게 아들이 없을 경우, 5년 동안 남편을 기다려야 한다. 6년째가

---

15) 유다와 타마르 이야기(창세 38장)는 수혼법에서 더 나아가 시아버지와의 혼인을 소개하고 있다. 사실상 아무런 경제력이 없는 여자를 보호하려는 취지에서 생긴 법이라 할 수 있다.

되면 부인은 자기가 좋아하는 이의 집으로 들어갈 수 있다. 만일 남편이 돌아오더라도 그에게 갈 필요는 없으며, 그 여자는 두 번째 남편에게 속한다. 만일 5년 넘게 그가 잘못 없이 잡혀 있거나 억울하게 도망자가 되어 지체되었을 경우, 그는 이 사실을 입증해야 한다. 그럴 경우 그는 부인 대신 다른 여자를 주고 자기 부인을 데려올 수 있다. 그러나 임금이 그를 다른 나라로 보내는 바람에 5년 이상 지체했을 경우, 부인은 남편을 기다려야 하고 다른 남자의 집으로 들어가서는 안 된다. 만일 5년이 경과하지도 않았는데 부인이 다른 남자의 집으로 들어가 (자식)을 낳았을 경우, 남편은 돌아와서 아직 5년의 시간이 경과하지 않았으니 부인의 (불법적인) 자식과 부인을 다시 데려올 수 있다.

[제37조] 만일 한 시민이 자기 부인을 쫓아내려고 할 경우, 그렇게 할 수는 있으나 그는 부인에게 무엇인가를 주어야 한다.[16] 그가 부인에게 아무것도 주려 하지 않을 경우, 그 여자는 빈손으로 그 집에서 나와야 한다.

[제38조] 만일 부인이 아버지의 집에 있을 때 남편이 부인을 쫓아냈을 경우, 남편은 자신이 부인에게 준 보석들을 취할 수 있다. 그러나 그가 부인을 데려올 때 지불한 신부몸값에는 손을 대서는 안 된다. 이것은 전적으로 부인에게 속한다.

[제39조] 만일 한 시민이 자기의 딸이 아닌 (여자), 곧 전에 아버지가 채무를 져 저당으로 그 여자를 채권자의 집으로 데려갔을 경우, 채권자가 (빚을 받으러) 그 여자의 아버지에게 오면 아버지는 채무를 갚고 딸을 다시 데려올 수 있다. 그러나 아버지가 채무를 갚지 못할 경우, 채권자는 딸을 취할 수 있다. 그런데 그 여자가 채권자의 도움으로 어려울 때 살게 되었다면 그 여자는 자기를 살려 준 이의 집에 머물러 그를 위해 일해야

16) 남편이 부인을 쫓아내는 것은 남편의 충동적인 행위가 아니라, 여자에게 치명적인 흠이 발생했기 때문이다. 이때 남편은 부인을 쫓아내되, 빈손으로 내보내지는 말라는 권고의 말이다.

한다. 그리고 그 여자가 혼인하여 혼인한 이가 혼인 증명서를 써 줄 경우 그는 부인의 값을 지불해야 하고, 채권자는 이로써 [자유인이 된다].[17]

[제40조] 한 시민의 에시르투esirtu–첩[18] [과부] 또는 아시리아 여인은 어느 지역에 갈 때 얼굴을 가려야 한다. 혼인한 신전노예Hierodule 역시 어느 지역에 갈 때 얼굴을 가려야 한다. 혼인하지 않은 이는 어느 장소에서든 얼굴을 가릴 필요가 없다. 여종은 얼굴을 가리지 않고 드러내 놓고 다녀도 된다. 어떤 사람이 얼굴을 가린 여종을 들추면,[19] 그를 체포하고 증인을 세워 그를 궁으로 데려온다. 사람들은 그를 50대 때리고 그의 머리를 땅에 처박는다. 만일 한 시민이 여종의 가린 얼굴을 들춘 이를 그냥 가게 내버려 두고 궁으로 데려오지 않을 경우, 사람들은 이 사람을 50대 때린다. 이를 본 증인이 그의 옷을 갖는다. 그의 귀를 뚫어 귀걸이를 걸고 뒷머리를 묶는다. 그는 한 달 동안 임금을 위해 부역을 해야 한다. 사람들은 여종들의 얼굴을 들추어서는 안 된다. 어떤 사람이 얼굴을 가린 여종을 들추면, 그를 체포하고 증인을 세워 궁으로 데려온다. 사람들은 그의 귀를 잘라야 한다. 그를 체포한 사람이 그의 옷을 갖는다. 한편 여종의 가린 얼굴을 들춘 이를 그냥 가게 두고 체포하지 않아 궁으로 데려오지 않을 경우, 어떤 사람이 이를 증명하여 (사실임이) 입증되면 50대 때린다. 그리고 그의 귀를 뚫어 귀걸이를 걸고 뒷머리를 묶는다. 그를 신고한 사람이 그의 옷을 갖는다. 그는 한 달 동안 임금을 위해 부역을 해야 한다.

---

17) 아마도 여자에 대한 권리가 이제는 없음을 말하는 것 같다. 그는 신부 아버지가 받는 혼인지불금을 대신 받았기 때문이다.

18) *ANET*(183)는 부인으로 번역하였지만, 뒤에 나오는 조항들에서 미루어 보건대 부인이 아니라 첩으로 보는 것이 타당하다. 첩이 부인이 되려면 어떤 의식이 필요한가를 제41조에서 설명하고 있다.

19) '얼굴을 가린 여종' 이란 혼인한 이를 가리키며 여기서는 주인의 첩일 것이다.

[제41조] 만일 한 시민이 첩의 얼굴을 가리려면,[20] 친구 다섯 내지 여섯을 그 장소에[21] 데려와 그들과 거기 있는 자들에게, "이 여자는 나의 부인이오"라고 말해야 한다. 그래야 그 여자는 (정말) 그의 부인이 된다. 사람들이 있는 데서 그가 얼굴을 가린 첩에게 "이 여자는 나의 부인이오"라고 말하지 않을 경우, 그 여자는 부인이 아니라 단지 첩일 뿐이다. 만일 이 시민이 죽었는데 부인에게서는 아들이 없고 첩에게서 아들을 얻었을 경우, 그는 적법한 아들로서 유산을 상속받는다.

[제42조] 만일 한 시민이 축제 때에 기름을 딸의[22] 머리에 붓거나 또는 식사 때에 … 가져올 경우, 사람들은 이것을 헛된 일로 만들어서는 안 된다.[23]

[제43조] 만일 한 시민이 축제 때에 기름을 (딸의) 머리에 붓거나 또는 식사 때에 … 가져올 경우, 부인을 이미 정해 준 아들이 죽거나 도주하면 시민은 그 여자를 위해 다른 아들들, 곧 형이나 (적어도) 열 살은 된 동생을 그 여자와 혼인시켜야 한다.[24] 만일 그 여자와 정혼한 아들이 죽고 (적어도) 열 살 된 다른 아들이 있을 경우, 그를 이 여자와 혼인시켜야 한다. 만일 다른 아들이 열 살이 안 되었을 경우, 딸의 아버지가 혼인시키기를 원한다면 혼인할 수 있다. 또한 딸의 아버지는 이 모든 혼인계약을 취소할 수 있다. 만일 아들이 없을 경우, 딸의 아버지는 그가 받은 먹을 수 있

---

20) 얼굴을 가렸으니 혼인했다는 것이고 부인으로 인정한다는 표시다.

21) 마을 사람들이 모일 수 있었던 성문으로 추측할 수 있다.

22) 다른 시민의 딸이 아니라, 자신의 딸을 의미하는 것으로 보인다. 기름은 귀한 물건에 붓는 것으로 이해할 수 있는데, 구약성경에서는 임금, 사제, 예언자에게 기름을 부어 귀한 존재임을 드러냈고, 신약성경에서는 예수님께 기름을 부어 존귀한 인물로 이해하였다.

23) 이것은 혼인과 관련된 것으로, 이 호의를 헛된 것으로 만들어서는 안 된다는 말일 것이다.

24) 이것은 구약성경에도 여러 번 등장하는 이른바 수혼법이다.

는 것 외에 (보)석류 등은 돌려주어야 한다. 이미 먹은 것은 돌려주지 않아도 된다.

[제44조] 만일 아시리아 남자 또는 아시리아 여자가 한 시민의 집에 머물러 있는 종을 그에 해당하는 값으로 샀을 경우, 그는 이 사람을 때릴 수도, 머리를 깎을 수도, 그의 귀를 뚫을 수도 있다.

[제45조] 만일 남편이 적에게 잡혔는데 그 (부인)에게 시부모도 자식도 없을 경우, 이 부인은 2년 동안은 남편을 기다려야 한다. 만일 남편이 없는 2년 동안 부인에게 필요한 것들이 공급되지 않을 경우, 이 사실을 부인은 (그 지역 관리에게) 말해야 한다. [만일] 부인이 궁에 속한 지역 사람일 경우, [궁이] 부인에게 필요한 것을 공급해야 하고 부인은 궁을 위해 일해야 한다. [만일] 부인이 군인Hupšu의[25] [아내]일 경우, … 그 부인에게 필요한 것을 공급해야 한다. … 판관은 그 성읍의 시장과 우두머리에게 그가 생계를 꾸릴 땅이 있는지를 물어야 한다. 그들은 여자에게 2년 동안 지낼 밭과 집을 … 주어야 한다. 그러면 그 부인은 그 집에서 살 수 있다. 2년 동안은 부인이 그 집에 살 수 있고, 그 뒤 그 여자가 원하는 남편의 집으로 가서 살 수 있다.[26] 이럴 경우 사람들은 그 부인에게 과부증명서를 써 주어야 한다. 얼마 뒤에 소식이 끊겼던 남편이 돌아올 경우, 그는 소식이 끊겨 새로 혼인한 자기 부인을 다시 부인으로 취할 수 있다. 그러나 나중에 혼인해서 그 여자가 낳은 아들은 취할 수 없고, 그 아들들은 나중에 혼인한 남편에게 속한다. 그 여자의 남편이 돌아오지 않으면 도성에서 마련했던 밭과 집은 다시 도성으로 반납해야 한다. 그러나 만일 남편이 돌아오지 않고 그곳에서 죽었을 경우, 임금은 밭과 집을 부인에

---

25) *ANET*(184)는 농부로 번역했다. 그러나 내용상 국가의 안위와 관련이 있어 파병된 군인으로 보는 것이 적합하다.

26) 이것은 2년이 지나도 남편이 돌아오지 않아 더는 남편을 기다릴 수 없는 여러 상황을 전제하고 있다. 2년은 부인이 남편을 위해 기다릴 수 있는 최대한의 시간이다.

게 주어야 한다.

[제46조] 남편을 잃은 부인은 남편이 죽었을 때 남편 집에서 나올 필요가 없다.[27] 만일 죽은 남편이 부인에게 유언장을 써 주지 않았을 경우, 부인은 사랑하는 자기 아들 집에서 살 수 있다. 남편 아들들은 마치 자기들 신부처럼 어머니가 좋아하는 음식으로 대접해야 한다. 만일 그 부인이 둘째 부인인데 그에게 아들이 없을 경우, 그 여자는 (남편의 아들들) 가운데 한 아들의 집에서 살 수 있고, 그 (아들들은) 공동으로 그 여자를 봉양해야 한다. 만일 부인에게 아들이 있고 첫째 (부인의) 아들들이 그 부인을 봉양하지 않겠다고 할 경우, 그 부인은 자기 아들 집에서 살 수 있고 아들은 어머니를 잘 봉양하되 그 어머니는 아들 집에서 일해야 한다. 만일 남편의 아들 가운데 하나가 그 여자와 혼인하기를 원할 경우, 그 여자와 혼인한 아들은 그를 잘 모셔야 한다.[28] 그럴 경우 다른 아들들에게는 [그 여자를 봉양할] 의무가 없다.

[제47조] 만일 시민이나 여자가 마술을 하다 잡혀 이것이 입증되었을 경우, 사람들은 마술하다 잡힌 이를 죽어야 한다. 마술하는 이를 본 시민이나 마술했다는 말을 들은 증인은, "나는 마술하는 것을 보았다"라고 임금에게 와서 이 사실을 말해야 한다. 만일 본 증인이나 (들은 증인이) 임금에게 와서 잡아뗄 경우, 그는 '태양신의 아들'[29] 앞에서 이렇게 말해야

27) 이것은 남편이 죽은 여자의 생계를 위한 방안이다. 남편이 죽은 여자에게는 아무런 생계수단이 없기 때문에 그녀가 원할 경우 그곳에서 머물며 생계를 유지할 수 있다.

28) 이것은 우리의 윤리 개념과는 상반되어 보인다. 그러나 죽은 아버지의 다른 부인이 젊은 데다 생계가 막막한 것을 고려한 새로운 방법인 듯하다. 수혼법 역시 여자를 보호하려는 혼인법이기 때문이다. 성경은 아버지의 부인과 동침해서는 안 된다고 하였다(신명 23,1; 레위 18,7 이하; 20,17-21). 성경이 가족 간의 윤리에 중점을 두고 다룬 것에 비해, 이 조항은 돌아가신 아버지 부인의 생계 유지를 더 중요하게 생각한 것으로 보인다.

29) 임금을 가리킨다.

한다. “그가 나에게 정말 그렇게 말했다.” 그러면 그는 무죄다. (처음에는) 이렇게 말했다가 (나중에는) 잡아뗀 증인을 임금은 조사해야 한다. 맹세한 자는 재판 날에 그 시민에게 말해야 한다. “너는 임금과 그의 아들에게 맹세한 것을 번복해서는 안 된다. 임금이나 그의 아들에게 맹세했던 것을 너는 맹세해야 한다.”[30]

[제48조] 만일 한 시민이 채무자의 딸을 자기 집에 머물게 (하여 혼인하고자) 한 경우, 그는 그 여자의 아버지에게 이를 청해야 한다. 만일 그 여자의 아버지가 이를 허락하려고 하지 않을 경우, 아버지는 딸을 주지 않아도 된다. 만일 그 딸의 아버지가 죽었을 경우에는 그 여자의 형제들에게 물어야 하고 형제들은 그에게 대답해야 한다. 만일 한 형제가 “나는 누이를 다음 달에 해방시킬 것이다”라고 하고는 이 말을 실행하지 못했을 경우, 돈을 가진 이가 원하면 그 여자를 해방하고 돈을 지불한 이에게 그 여자를 부인으로 줄 수 있다. …

[제49조] ….

[제50조] [만일 한 시민이 (다른) 시민의 부인]을 때려 부인이 [유산]하였을 경우, 그가 다른 시민의 [… 부인]에게 행한 것처럼 사람들은 그에게 똑같이 해야 한다.[31] 뱃속의 아이의 경우에는 생명으로 보상해야 한다. 그러나 만일 부인이 이 때문에 죽었을 경우, 사람들은 그 시민을 죽여야 한다. 뱃속의 아이를 위해서는, 그는 생명으로 보상해야 한다. 만일 이 부인의 남편에게 아들이 없는데 사람들이 그의 부인을 때려 뱃속의 아이를 잃게 했을 경우, 뱃속의 아이를 위해서는 때린 사람을 죽여야 한다.[32]

---

30) 또는 “임금과 임금의 아들 앞에서 말한 것을 너는 맹세하지 않았느냐?”로 옮길 수 있다.

31) 우르-남무 법전 제18-22조에는 배상으로, 함무라비 법전 제196-214조에는 배상판결과 ‘동태복수’로, 히타이트 법전 제7-18조에서는 배상으로 판결하고 있다. 탈출 21,22-23에서는 이른바 ‘동태복수’로 서술한다.

32) 부인이 다시는 임신하지 못하도록 부인을 때리는 것으로 이해할 수 있다.

만일 그 여자의 뱃속의 아이가 딸일 경우, 그는 생명으로 보상해야 한다.[33)]

[제51조] 만일 한 시민이 (다른) 시민의 부인을 때려 부인이 유산하였을 경우, 그는 동 2탈렌트를 지불하는 벌을 받아야 한다.

[제52조] 만일 한 시민이 여종을 때려 여종이 유산하였을 경우, 매는 매로 갚아야 한다. 또한 그는 생명으로 보상해야 한다.

[제53조] 만일 임신한 여자가 의도적으로 뱃속의 아이를 유산시켰고 이것이 입증되었을 경우, 사람들은 그 여자를 창으로 찔러 죽이고 묻어서는 안 된다. 만일 그녀의 아이가 유산으로 죽었을 경우, 사람들은 여자를 창으로 찔러 묻어서는 안 된다. 만일 어떤 사람이 유산한 여인을 숨겨줄 경우 ….

[제54조] ….

[제55조] 처녀성을 잃지 않고 아버지 [집에 사는] 혼인하지 않은 (다른) 시민의 순결한 어린 [딸]을, [만일 한 시민이] 성읍 안이나 밭이나 또는 축제 장소나 도성의 축제 장소에서 밤에 폭력으로 강간했을 경우, 이 어린 딸의 아버지는 동침한 이의 부인을 자기 부인으로 취할 수 있다. 이것은 딸을 강간하여 더럽힌 대가다. 그는 그 부인을 남편에게 돌려줄 필요가 없으며, 그는 그 부인을 취할 수 있다. 아버지는 자기 딸을 강제로 동침한 이에게 부인으로 준다. 만일 그에게 부인이 없을 경우, 그는 젊은 여자와 혼인할 때 지불하는 값의 세 배를 여자 아버지에게 지불해야 한다. 그 딸과 동침한 이는 그 딸과 혼인해야 하며 그 딸은 …해서는 안 된다.[34)] 만일 그 딸의 아버지가 이것을 바라지 않을 경우, 그 딸과 동침한 이는 혼인할 때 지불하는 값의 세 배를 지불하고 그의 딸은 그가 주고 싶은 다른 이에게 시집가게 해도 된다.

---

33) 이것은 탈출 21,23–25의 내용과 비교할 수 있다.

34) 아마도 여자와 이혼할 수 없다는 내용일 것이다.

[제56조] 만일 한 여자가 의도적으로 다른 시민에게 몸을 바칠 경우, 이 시민은 이 사실을 맹세하고 사람들은 그 여자와 가까이 해서는 안 된다. 그 여자와 동침한 시민은 젊은 여자를 살 수 있는 값의 세 배를 지불해야 한다. 아버지가 원할 경우 자기 딸을 데리고 있을 수 있다.

[제57조] ….

[제58조] 모든 처벌 가운데 … 자르는 것 … 그리고 장님으로 만드는 처벌 … 또한 ….

[제59조] 이 토판에 [서술된] [시민의 부인에] 대한 처벌과는 별도로, 시민은 잘못이 없을지라도 자기 부인을 때리거나 머리카락을 잡아 뜯거나 그 여자의 귀를 뚫을 수 있다.

샤-사라테Ša-sarrāte 달, 둘째 날, 사기우Sagiu[35] 해.

35) 정확한 연대는 알 수 없지만, 아시리아의 티글랏 필에세르 1세(기원전 1114-1076년) 통치 때로 볼 수 있다.

6. 신바빌로니아 법전

해제

신바빌로니아 법전은 신바빌로니아 시기(기원전 626-539년)에 형성된 것이라기보다는 아시리아가 바빌로니아 지역을 지배하던 시기에 이미 있었던 것으로 보이는데, 이 법전에 중기 아시리아 법전과 그 이전 법령에 관한 정보가 있기 때문이다. 이 법전이 과거의 법전을 새롭게 정리한 것이라면 아시리아 영역에서 형성되었을 법하나. 이 법전의 본격적인 편찬은 사르곤 2세(기원전 722-705년) 때 시작하여 아쑤르바니팔(기원전 668-627년) 때에 마무리한 것 같다. 아쑤르바니팔은 도서관을 세워 고대 근동 문학 작품들을 수집하고 고대 작품들을 보존하였는데 이때에 신바빌로니아 법전이 필사된 듯하다. 법전 맨 끝에는 아쑤르바니팔이라는 이름과 바빌로니아 지역 이름이 소개된다. 신바빌로니아 법전은 현재 대영박물관에 소장되어 있다. 이것은 여러 차례 번역되었다.[1] 내용은 손해배상, 혼인과 부부

---

1) F.E. Peiser(*SPAW*: *Sitzungsberichte der Preussischen Akademie der Wissenschaft* 〈1889〉, 823-828)가 처음 번역하였고, 다시 B. Meisner(*SPAW* 〈1918〉, 280-297)가 번역하였다. 그 가운데 G.R. Driver - J.C. Miles, *The Babylonian Laws* II (Oxford, 1955)와 *ANET* 197-198, 그리고 독일어 번역으로 E. Ebeling, *AOT* (422-423)와 R. Haase, *Die keilschriftlichen Rechtssammlungen in deutscher Fassung* (Wiesbaden, ^{2}1979) 등이 있다.

문제 등에 대한 판결을 제시하고 있으며 현재 15개 조항만이 남아 있다.

법전은 다음과 같이 구성되었다.

제1–2조: 훼손되었다.
제3조: 배상에 관한 조항
제4조: 훼손되었다.
제5조: 소유권에 관한 조항
제6조: 종에 관한 조항
제7조: 마술로 인해 생긴 손해에 관한 조항
제8조: 훼손되었다.
제9–11조: 유산遺産에 관한 조항
제12–15조: 혼인한 여자에 관한 조항

법조항

[제1–2조] …

[제3조][2] [한 시민이] 자기 우물에 물을 대기 위해 물길을 열어 놓고는 그것을 막지 않아 물이 넘쳐 이웃의 밭을 물바다로 만들었을 경우, 그는 (그 수확에) [해당하는 곡식을] 이웃에게 … 주어야 한다.

[제4조] ….

[제5조] 한 시민이 밭이나 집을 다른 사람에게 양도하기로 하고는 아

---

2) 탈출 22,4–5과 비교할 수 있다. "어떤 사람이 밭이나 포도원에서 풀을 뜯기던 가축을 풀어 놓아 남의 밭 곡식을 뜯어 먹게 하였을 경우, 그는 자기 밭의 가장 좋은 소출과 자기 포도원의 가장 좋은 소출로 배상해야 한다. 불이 나서 가시덤불에 옮겨 붙어 남의 낟가리나 거두지 않은 곡식이나 밭을 태웠을 경우, 불을 낸 자는 자기가 태운 것을 배상해야 한다."

직 계약서를 작성하지 않아 상대방이 계약서 사본을 가지고 있지 않을 경우, 소유권에 이름이 적혀 있는 시민이 이 밭이나 집을 소유하게 된다.

[제6조] 시민이 남종/여종을 돈 때문에 팔았는데 이로 인해 반환권 청구가 그에게 들어왔거나 남종/여종을 멀리 보냈을 (경우), 그는 재산에서 채무증서를 매수자에게 주어야 한다. 만일 종들이 자식을 낳았을 경우, 아이 한 명당 은 1/2세켈을 지불해야 한다.

[제7조] 한 여자가 시민의 밭이나 길거리에서 어떤 이의[3] 도움으로 바위의 틈에서나 어떤 방식으로든 마술 의식 또는 속죄의식을 행할 경우, 그녀는 이 땅의 주인에게 세 배를[4] 지불해야 한다. 이는 그 여자가 어떤 이의 도움으로 바위의 틈에서나 어떤 방식으로든 의식을 행하는 바람에 밭 값이 떨어지게 생겼기 때문이다. 만일 그 여자가 어떤 이의 집 문 앞에서 ….

[제8조] ….

[제9조] 한 시민이 자기 딸을 (다른) 시민의 아들에게 …, (만일) 아버지가 그의 유언집에 무엇인가를 적어 넣고 그것을 이들에게 주었는데, 그 내용 가운데 [자기] 딸의 혼인선물이 … 서술되어 있을 경우, 그 유언집을 아들과 공동으로 작성했다면 그 유언집은 변경할 수 없다. 아들은 그 유언집에 있는 내용과 딸의 시아버지에게 부여 준 내용을 축소해서는 안 된다. 만일 아버지의 부인이 죽고 아버지가 다른 부인과 혼인해서 아들을 낳았을 경우, 나중에 얻은 부인의 아들들은 남은 재산의 1/3을 소유할 수 있다.

[제10조] 한 시민이 자기 딸에게 혼인선물을 약속하거나 딸에게 유언집으로 작성해 주었을 (경우), 이후에 그의 재산이 줄어 그의 소유가 그것밖에 남은 것이 없더라도 아버지는 딸에게 약속한 혼인선물을 주어야 한

---

3) *TUAT*은 '뱃사람'으로 번역하고 있지만, 내용상 이해하기 어려워 '어떤 이'로 번역한다.

4) 땅 값의 세 배를 지불하라는 말이다. 그 땅 주인이 손해를 입었기 때문이다.

다. 어떤 사람도[5] 그 내용을 변경할 수 없다.

[제11조] 한 시민이 딸에게 혼인선물을 주었는데 딸이 아들이나 딸이 없이 죽었을 경우, 그 여자의 혼인선물은 [그 여자의] 아버지 집에 되돌려 주어야 한다. … 그 여자의 혼인선물은 남편이나 그 여자가 좋아했던 다른 사람에게 줄 수 있다.

[제12조] 한 부인이 아들이나 딸이 없이 남편이 죽었을 경우, 부인에게 남편의 재산에서 혼인선물 모두를 그 여자에게 주어야 한다. 만일 남편이 부인에게 선물을 주었을 경우, 그 여자에게 이 선물을 포함한 혼인선물을 주면 일단락된다. 만일 그 여자가 혼인선물을 갖고 있지 않을 경우, 재판관은 남편의 재산에서 적당한 양을 그 여자에게 주도록 판결해야 한다.

[제13조] (만일) 한 시민이 부인과 혼인하여 아들을 낳고 나중에 죽었는데 이 부인이 다른 남자와 (혼인해) 그 집으로 가려 할 경우, 그 여자는 아버지 집에서 가져온 혼인선물과 죽은 남편이 그녀에게 선물한 모든 것을 가져갈 수 있고 자기가 좋아하는 이와 혼인할 수 있다. 그 여자가 살아 있는 날 동안 이 재산을 그들은 누릴 수 있다. 만일 그 여자가 아들을 낳았을 경우, 전에 낳은 아들들은 [그 여자의] 혼인선물을 똑같이 ….

[제14조] ….

[제15조] 한 시민이 부인과 혼인하여 아들을 낳았는데 나중에 부인이 죽어 둘째 부인과 혼인하여 아들을 얻었을 경우, 나중에 아버지가 죽으면 아버지의 재산에서 2/3는 첫 (부인의) 아들이, 1/3은 나중 (부인의) 아들이 갖는다. 아버지 집에 머물고 있는[6] 그들의 누이들은 ….[7]

5) *TUAT*은 시아버지와 사위로 번역하고 있다.

6) 아버지 집에 머문다는 것은 아직 시집가지 않았다는 뜻이다.

7) 마지막 내용은 완전히 훼손되었다. 서판 끝에 어떤 흔적이 남아 있는데, 아마도 아쑤르바니팔의 이름과 바빌론 지역 이름이 있었을 것으로 짐작된다.

IV.
히타이트어 법전

7. 히타이트 법전

해 제

히타이트에 관한 자료는 부족하지만 1900년대 초에 발견한 자료들에서 이 땅이 하티Hatti 땅이라 불렸음이 입증되었고, 이집트 제19왕조의 문헌에서는 헤타Heta 땅으로도 불렸다고 전한다. 히타이트 법전은 많은 쐐기문자 자료를 담고 있는데, 이 자료는 1906–1912년 후이고 빙클러Hugo Winckler가 히타이트의 수도 하투샤Hattuscha에서 발굴해 냈다.

히타이트인들은 기원전 2000년경 러시아의 남쪽에서 카우카수스를 건너 아나톨리아(터키)로 이주한 것으로 추측된다. 그러다가 지금의 앙카라 근처인 할리스 강 주변에 정착하였고, 팔라족Pala들은 나중에 파플라고니아Paphlagonia에, 그리고 루비야족Luwija들은 킬리키아에 정착하였다. 히타이트 왕국은 고왕국(기원전 1840–1450년), 중왕국(기원전 1450–1400년), 신왕국(기원전 1400–1200년)으로 나눌 수 있다. 기원전 1360년경에 히타이트는 유프라테스 강 상류에 국가를 세웠던 미탄니 제국을 정복하였으며, 이집트의 파라오와는 시리아를 점령하기 위한 전투를 하기도 하였다(기원전 1296년경).

히타이트 법전 자료는 여러 개가 있는데, 가장 오래 된 자료는 고왕국 시기인 기원전 1600년경에 형성되었지만 현재는 존재하지 않는다. 현존하는 가장 오래된 사본은 이보다 약간 늦은 시기라 할 수 있고, '전에는 …, 지금은 …' 이라는 방식으로 서술한다(제7, 9, 25, 51조 등). 히타이트 법전은 서판 두 개에 기록되어 있는데, 첫째 서판은 제1조에서 100조까지로, 제1조는 "[만일] 어떤 사람이"로 시작한다. 둘째 서판은 제101조에서 200조에 이르는데, 그 처음은 "만일 어떤 사람이 포도나무[나]"로 시작한다.

첫째 서판의 필사본은 20개나 되며 그 가운데 3개는 고왕국 시기의 필사본이다. 그다음의 번역은 이보다 약간 늦은 시기의 필사본인(본문에서 ㄱ으로 표기), 기원전 1600년경의 고대 자료를 대변한다. 하지만 이 필사본은 잃어버린 원본을 베낀 것이다. 이보다 늦은 필사본은 기원전 약 1400년경의 것으로(본문에서 ㄴ으로 표기) 전체 내용이 보존되어 있어서 이 사본을 주로 선택하여 번역하였다. 그리고 기원전 1200년경으로 짐작되는 제3-19조, 제27-36조, 제39-49조 등의 '후기 판' 병행자료가 있다. 둘째 서판의 필사본은 15개가 있는데, 전체 내용을 포함하고 있는 것은 하나도 없다. 따라서 전체의 내용을 종합해서 소개하겠다.

히타이트는 살인, 혼인, 절도 등 200가지 문제를 다루는 법전을 원칙으로 삼아 사회를 유지해 나갔다. 이 법전에서는 상황의 변화에 따른 개성 또는 개혁의 흔적이 엿보이며, 그 지역의 관습과도 조화를 이룬 것으로 보인다. 히타이트 법전은 복수에는 반대하면서 그 대신 배상으로 복수를 해결하고 있다. 그러나 강간이나 동물과의 성교 등에 대한 범죄는 중벌로 다스렸다. 혼인은 신랑이 신부 아버지에게 신부몸값을 지불하고, 신부 아버지가 딸에게 혼인지참금을 주어 시집보냄으로써 성립되었다. 이런 점은 주변 세계의 혼인 제도와 유사하다. 또한 자녀 없이 남편이 죽은 여자가 남편의 형제와 혼인하는 것은 이스라엘의 수혼법과 유사하다. 법전은 다음과 같이 구성되었다.

제1-18조: 상해에 따른 배상에 관한 조항
제19-25조: 유괴와 피신한 종에 관한 조항
제26-31조: 훼손되었다.
제32-33조: 종의 아들에 관한 조항

[제27-30조]: 혼인한 여자의 혼인선물에 관한 조항
제31-36조: 종과 시민 사이의 혼인과 그 자식에 관한 조항
제37-49조: 손해배상에 관한 조항
제50-56조: 부역봉사와 자유민에 관한 조항
제57-113조: 절도와 손해배상에 관한 조항
제114-118조: 훼손되었다.
제119-144조: 절도의 처벌에 관한 조항
제145-152조: 빌렸을 경우 적당한 값의 지불에 관한 조항
제153-156조: 훼손되었다.
제157-177조: 품삯과 배상에 관한 조항
제178-186조: 가격에 관한 조항
제187-200조: 부적절한 성관계에 관한 조항

법조항

첫째 서판

① 제1-18조: 상해에 따른 배상에 관한 조항

[제1ㄴ조] [만일] 어떤 사람이 [남자나] 여자와 [다투다가] 때려 죽였을 경우, [가해자를 죽은 자에게 데리고 오고] 가해자는 남자나 여자 4명을 지불해야 한다. 그리고 가해자의 재산은 담보물로 저당 잡힌다.

[제2ㄴ조] [만일] 어떤 사람이 [남종이나] 여종과 다투다가 때려 죽였을 경우, 가해자를 죽은 자에게 데리고 오고 가해자는 남자나 여자 [2명]을 지불해야 한다. 그리고 가해자의 재산은 담보물로 저당 잡힌다.

[제3ㄴ조] [만일] 어떤 사람이 자유민인 [남자]나 여자를 때려 (그로 인

해서) 그(그 여자)가 죽었을 경우, 그의 손이 죄를 저질렀으니 그 사람에게 남자나 여자 2명을 지불해야 한다. 그리고 가해자의 재산은 담보물로 저당 잡힌다.

[제4ㄴ조] 만일 어떤 사람이 남종이나 여종을 때려 (그로 인해서) 그(그 여자)가 죽었을 경우,[1] 그의 손이 죄를 저질렀으니 그 사람에게 남자나 여자 1명을 지불해야 한다. 그리고 가해자의 재산은 담보물로 저당 잡힌다.

[제3-4조](후기 판) [만일 어떤 사람이 … 때려 죽]였을 경우, 그의 손이 죄를 저질렀으니 [그는 은 … 미나를 지불한다.] 그러나 그가 여자고 (게다가) 자유로운 신분이 아닐 경우, 은 2미나를[2] 지불한다.

[제5ㄱ조] 만일 어떤 사람이 히타이트 상인을 때려 죽였을 경우, 그는 은 100미나를 지불하고 그의 재산은 담보물로 저당 잡힌다. 만일 그 사건이 루비야 땅이나 팔라 땅에서 (발생했으면), 가해자는 은 100미나와 상인의 물품을 지불해야 한다. 만일 그 사건이 하티 땅에서 (발생했으면) 가해자는 단지 상인에게 보상해 주어야 한다.

[제5조](후기 판) [만일] 어떤 사람이 하티에서 온 상인을 때려 죽였을 경우, 그는 [은 … 미나]를 지불하고 물건은 세 배로 배상한다. [만일] 그가 물건을 갖고 있지 않은 어떤 사람과 싸우다가 때려 죽였을 경우, 그는 은 6미나를 지불해야 한다.

---

1) "어떤 사람이 자기 남종이나 여종을 몽둥이로 때렸는데, 그 종이 그 자리에서 죽었을 경우, 그는 벌을 받아야 한다"(탈출 21,20).

2) 히타이트의 도량형을 오늘날의 수치로 환산하면 다음과 같다.

1암마 = 약 45cm
1세펠Scheffel = 60l
1마일레Meile = 10km
1미나Mine = 40세켈Scheqel = 500g
1이쿠Iku = 3600m²
1세켈 = 12-13g

[제6ㄱ조] 만일 남자나 여자(누구든) 어떤 사람이 다른 도시에서 살해되었을 경우, 살해된 지역에서 100암마[3] 밭을 떼서 그가[4] 취한다.[5]

[제6조](후기 판) 만일 한 남자가 이방인 지역에서 살해되었을 경우, 그는[6] 살해당한 이가 자유민이면 밭, 공동경작지, 집 그리고 은 1미나와 20세켈을 주어야 한다.[7] 만일 한 여자가 살해되었을 경우, 그는 은 3미나를 주어야 한다. 그러나 (죽은 곳이) 이방인 지역이 아니라 성읍이거나 직선으로 3마일레 떨어진 곳일[8] 경우, 그는 (청구권을) 받아들여야 한다. 만일 아무도 없다면, 그는 살인 (배상금을)[9] 포기해야 한다.

[제7ㄱ조] 만일 어떤 사람이 자유민을 장님이 되게 했거나 그의 이를 부러뜨렸을 경우, 전에는 가해자가 피해자에게 매 경우마다 은 1미나를 배상했다. 그러나 이제는 은 20세켈을 지불하고 그의 재산은 담보물로 저당 잡힌다.

[제7조](후기 판) 만일 어떤 사람이 싸우다가 자유민을 장님이 되게 했거나 그의 이를 부러뜨렸을 경우, 그는 은 1미나를 배상해야 한다. 그가 잘못을 하였으니 그의 재산은 담보물로 저당 잡힌다.

[제8ㄱ조] 만일 어떤 사람이 남종이나 여종을 장님이 되게 했거나 그(녀)의 이를 부러뜨렸을 경우, 그는 은 10세켈을 지불하고[10] 그의 재산은

3) 한 암마는 약 45cm로 전체적으로 23m^{2}다.

4) 그는 살해당한 이의 법정 대리인이다.

5) 이와 유사한 법조항이 신명 21,1-9에 나오는데, 성경은 '범인을 알 수 없는 살인에 대한 속죄 의식'으로 변형하여 서술한다.

6) 살해당한 곳의 땅 임자를 말한다.

7) 본문에서는 이것을 수령할 자가 언급되어 있지 않으나, 자유민 곧 가장일 경우 가장을 잃어 생계가 막막해진 그의 가족이 법정 대리인일 수 있다.

8) 약 30km 되는 거리다.

9) 피해자 가족에게 지불하는 배상금이다.

10) 피해자인 이 종은 자기 집에 속한 종이 아니라 타인에게 속한 종이다. 그가 주인 재산에 손해를 입혔으므로 이에 상응하는 배상을 해야 한다.

담보물로 저당 잡힌다.

[제8조](후기 판) 만일 어떤 사람이 싸우다가 종을 장님이 되게 했을 경우, 그는 은 20세켈을 지불해야 한다. 만일 그의 손이 죄를 저질렀다면, 그는 은 10세켈을 지불한다. 만일 어떤 사람이 자유민의 이를 때려 이가 2개나 3개가 부러졌을 경우, 그는 은 12세켈을 지불해야 한다. 만일 종이라면, 그는 은 6세켈을 지불해야 한다.

[제9ㄱ조] 만일 어떤 사람이 다른 사람의 머리를 다치게 했을 경우, 전에는 가해자가 은 6세켈을 지불했다. 곧 머리를 다친 피해자가 은 3세켈을 취했고 임금 또한 은 3세켈을 취했다. 그러나 이제는 임금의 (몫은) 없애고 단지 피해자만 은 3세켈을 취한다.[11]

[제9조](후기 판) 만일 어떤 사람이 다른 사람의 머리를 상하게 했을 경우, 피해자는 은 3세켈을 취한다.

[제10ㄱ조] 만일 어떤 사람이 다른 사람을 다치게 하여 그가 병이 들었을 경우, 그는 피해자를 돌봐야 한다. 그는 한 사람을 사서 그로 하여금 피해자가 회복될 때까지 그의(피해자) 집에서 일하게 한다. 그가 회복되면 피해자에게 은 6세켈을 지불하고 아울러 치료비도 지불해야 한다.

[제11ㄱ조] 만일 어떤 사람이 자유민의 팔이나 발을 부러뜨렸을 경우, 그는 은 20세켈을 지불해야 하고 그의 재산은 담보물로 저당 잡힌다.

[제11조](후기 판) 만일 어떤 사람이 자유민의 팔이나 발을 부러뜨려 그가 불구자가 되었을 경우는 은 20세켈을 지불해야 하고, 만일 그가 불구자가 되지 않았을 경우는 은 10세켈을 지불해야 한다.

---

11) "사람들이 서로 다투다 한 사람이 상대방을 돌이나 주먹으로 때려, 그가 죽지는 않고 자리에 눕게 되었을 경우, 그가 나중에 일어나서 지팡이를 짚고 밖을 돌아다니게 되면, 때린 자는 벌을 면한다. 다만 그동안의 손해를 갚고, 나을 때까지 치료해 주어야 한다"(탈출 21,18-19).

[제12ㄱ조] 만일 어떤 사람이 남종이나 여종의 팔이나 발을 부러뜨렸을 경우, 그는 은 10세켈을 지불해야 하고 그의 재산은 담보물로 저당 잡힌다.

[제13ㄱ조] 만일 어떤 사람이 자유민의 코를 깨물었을 경우, 그는 은 1미나를 지불해야 하고 그의 재산은 담보물로 저당 잡힌다.

[제14ㄴ조] 만일 어떤 사람이 남종이나 여종의 코를 깨물었을 경우, 그는 은 3세켈을 지불해야 하고 그의 재산은 담보물로 저당 잡힌다.

[제15ㄴ조] 만일 어떤 사람이 자유민의 귀를 잘랐을 경우, 그는 은 12세켈을 지불해야 하고 그의 재산은 담보물로 저당 잡힌다.

[제16ㄴ조] 만일 어떤 사람이 남종이나 여종의 귀를 잘랐을 경우, 그는 은 3세켈을 지불해야 한다.

[제17ㄴ조] 만일 어떤 사람이 여자 배 속의 아이를 유산하게 하였을 경우, 아이가 열 달째(면) 그는 은 10세켈을 지불해야 한다. 만일 다섯 달째(면) 은 5미나를 지불해야 하고 그의 재산은 담보물로 저당 잡힌다.[12)]

[제17조](후기 판) 만일 어떤 사람이 여자 배 속의 아이를 유산하게 하였을 경우, 그는 은 10세켈을 지불해야 한다.

[제18ㄴ조] 만일 어떤 사람이 여종 배 속의 아이를 유산하게 하였을 경우, 만일 아이가 열 달째면 그는 은 5세켈을 지불해야 한다.

[제18조](후기 판) 만일 어떤 사람이 여종 배 속의 아이를 유산하게 하였을 경우, 그는 은 10세켈을 지불해야 한다.

---

12) 이 조항과 병행하는 탈출 21,22-23은 "사람들이 서로 싸우다 임신한 여자와 부딪쳤을 경우, 그 여자가 유산만 하고 다른 해가 없으면, 가해자는 그 여자의 남편이 요구하는 대로 벌금형을 받아야 한다. 그는 재판관을 통해서 벌금을 치른다. 그러나 다른 해가 뒤따르게 되면, 목숨은 목숨으로 갚아야 하고, 눈은 눈으로, 이는 이로, 손은 손으로, 발은 발로, 화상은 화상으로, 상처는 상처로, 멍은 멍으로 갚아야 한다"라고 서술한다. 히타이트 법전이 배상 판결임에 비해, 탈출 21,22-23은 이른바 '동태복수법'의 내용으로 서술하고 있다.

② 제19–25조: 유괴와 피신한 종에 관한 조항

[제19ㄱ조 첫째 단] 만일 남자나 여자 (누구든) 하투샤에서 루비야 사람을 훔쳐 그를 루비야로 데려왔는데 이 사람을 그의 주인이 알아보았을 경우, 주인은 이 사람을 집으로 데려갈 수 있다.

[제19ㄱ조 둘째 단] 만일 하투샤에서 어떤 히타이트 사람이 루비야 사람을 훔쳐 그를 루비야로 데려왔을 경우, 전에는 12명을 주었다. 그러나 이제는 6명만 주고 그의 재산은 담보물로 저당 잡힌다.

[제20ㄱ조] 만일 어떤 히타이트 사람이 다른 히타이트 사람의 종을 루비야에서 훔쳐 하티로 데려왔는데 나중에 그의 주인이 그를 알아보았을 경우, 그는 은 12세켈을 지불하고 그의 재산은 담보물로 저당 잡힌다.

[제21ㄱ조] 만일 어떤 사람이 루비야 사람의 종을 루비야에서 훔쳐 하티로 데려왔는데 나중에 그의 주인이 그를 알아보았을 경우, 주인은 자기 종을 취할 수 있다. 그는 손해배상을 할 필요가 없다.

[제22ㄱ조] 만일 종이 노망쳤으나 어떤 사람이 그 종을 데려왔을 경우, 그가 근처에서 (종을) 잡았으면 종의 주인은 그에게 신발을 줘야 한다. 만일 강 이편에서 그를 (잡았으면) 주인은 그에게 은 2세켈을, 강 저편에서 (잡았으면) 은 3세켈을 주어야 한다.[13]

[제23ㄱ조] 만일 종이 도망쳐 루비야로 갔을 경우, 주인은 그를 붙잡아 되돌려 준 이에게 은 6세켈을 주어야 한다.[14] 만일 종이 도망쳐 적국으로 갔을 경우, 그를 그곳에서 데려온 이가 그 종을 취한다.

---

13) 한편 신명기는 '피신해 온 종에 관한 규정'에서는 히타이트 법조항과는 다른 규정을 서술하고 있다. 곧 "너희는 제 주인에게서 피신해 온 종을 주인에게 넘겨서는 안 된다"(23,16–17)고 한다.

14) 신명기는 이와는 달리 주인에게서 도망친 종을 되돌려줘서는 안 된다고 한다. "너희는 제 주인에게서 피신해 온 종을 주인에게 넘겨서는 안 된다. 그가 마음에 들어 선택하는 성의 한 곳에서, 너희와 함께, 너희 가운데에서 살게 하고 그를 구박해서는 안 된다"(신명 23,16–17).

[제24ㄱ조] 만일 남종이나 여종이 도망쳤으나, 도망친 곳에서 그(그 여자)가 잡혔을 경우, 사람의 한 달 품삯인 은 12세켈을 줘야 한다. 그러나 여자일 경우는 한 달 품삯인 은 6세켈을 줘야 한다.

[제25ㄱ조] [만일 어떤] 사람이 그릇이나 큰 물통을 더러운 채로 놔둘 경우, 전에는 은 [6]세켈을 지불했다. 곧 더러운 채로 놔둔 이가 은 3세켈을 물었고, [왕]궁에서 은 3세켈을 가져갔다. 이제는 왕궁에 내주는 것은 폐지한다. 더러운 채로 놔둔 이는 은 3세켈을 지불하고 그의 재산은 담보물로 저당 잡힌다.

[제26–31조] ….[15]

③ 제32–33조: 종의 아들에 관한 조항

[제32조][16] 만일 종이 부인과 [혼인하여] 그 여자가 [아이를 낳아] 기르다가 그들이 이혼할 경우, 그들의 재산은 [똑같이] 나눈다. 그러나 [자식 대부분은 부인에게] 속하고 한 아이만 종이 갖는다.

[제32조] 만일 목자가 여자 시민을 [유괴했을] 경우, 그는 3년간 징역에 처한다.[17]

[제33ㄱ조] 만일 종이 여종과 혼인하여 그 여자가 [아이를 낳아 기르다가] 그들이 이혼할 경우, 그들의 재산은 똑같이 나눈다. 그러나 [자식 대부분은 여종에게 속하고], 한 아이만 종이 갖는다.

15) ㄱ과 ㄴ사본이 거의 훼손되었다.

16) ㄱ과 ㄴ에 속하지 않는 다른 필사본이다.

17) 이 조항도 ㄱ과 ㄴ에 속하지 않는 다른 필사본이다. 한편 탈출 21,16은 보다 강력한 처벌을 서술하고 있다. "사람을 유괴한 자는 그 사람을 팔았든 데리고 있든 사형을 받아야 한다." 함무라비 법전 역시 강력한 처벌을 내린다(제14조).

④ [제27-30조]: 혼인한 여자의 혼인선물에 관한 조항

[제27ㄴ조] 만일 한 남자가 부인을 얻어 그들이 [그의 집으로] 갔을 경우, 그는 부인의 혼인지참금을 집으로 가져온다. 만일 부인이 이곳에서 죽고 남편의 소유가 불에 탔을 경우, 남편은 부인이 가져온 것을 취한다. 만일 부인이 자기 아버지 집에서 죽고 그녀의 아들들이 [그곳에 있을 경우], 남편은 부인의 혼인지참금을 [취할] 수 없다.

[제28ㄴ조 첫째 단] 만일 한 여자가 한 남자와 정혼을 했는데 다른 사람이 이 여자를 납치했을 경우, 납치한 이는 이미 (신부의 아버지에게) [지불한] 것을 첫 번째 사람에게 돌려주어야 하지만, 그 여자의 부모는 이것을 배상하지 않는다.

[제28ㄴ조 둘째 단] 만일 부모가 그 여자를 다른 사람에게 주었을 경우, 부모가 (지출을) 배상해야 한다.

[제28ㄴ조 셋째 단](후기 판) 만일 부모가 딸을 유괴한 이를 (좋게) 보지 않을 경우, 부모는 딸을 납치한 이에게서 딸을 떼어 놓을 수 있다.

[제29ㄴ조] 만일 한 여자가 한 남자와 정혼하여 그 남자가 여자를 위해 신부몸값을 지불했는데 나중에 신부의 부모가 이것을 번복했을 경우, 부모는 딸이 그 남자와 정혼한 것을 취소할 수 있지만 그가 지불한 신부몸값은 두 배로 되돌려 줘야 한다.

[제30ㄴ조] 만일 그 남자가 그 여자를 시간이 지나도 취하지 않고 이것을 취소했을 경우, 그가 지불한 신부몸값은 잃게 된다.

⑤ 제31-36조: 종과 시민의 혼인과 그 자식에 관한 조항

[제31ㄴ조] 만일 한 시민과 여종이 (서로) 호감을 느껴 시민이 여종을 아내로 맞아들였고 그들이 집과 자식을 갖게 되었는데, 나중에 싸웠거나 이혼을 할 (경우), 그들은 집을 반씩 나눈다. 자식 대부분은 남편이 데려

가지만 한 아이는 부인에게 속한다.

[제32ㄴ조] 만일 종이 시민을 아내로 맞아들일 경우, 이 (둘의) 법적인 내용은 위와 같다.

[제33ㄴ조] 만일 종이 여종을 얻었을 경우, 이 (둘의) 법적인 내용은 위와 같다.

[제34ㄴ조] 만일 종이 여자 시민을 신부몸값을 주고 아내로 맞아들였을 경우, 누구도 그 여자의 사회적 지위를 박탈해서는 안 된다.[18]

[제35ㄴ조] 만일 관리인이나 목자가 여자 시민을 납치하고는 그녀에 대한 신부몸값을 지불하지 않았을 경우, 징역 3년 형에 처한다.

[제36ㄴ조] 만일 종이 (유산상속을 받을 수 있는) 시민의 아들에게서 신부몸값을 받았을 경우, 그를 사위로 맞아들이고 아무도 그의 신분을 바꿀 수 없다.

⑥ 제37–49조: 손해배상에 관한 조항

[제37ㄱ조] 만일 어떤 사람이 한 여자를 납치했는[데] 공범자가 와(서) 두 사람 또는 세 사람을 죽였을 경우, 그는 손해배상을 하지 않는다.

[제38ㄱ조] 만일 사람들이 소송에 연루되었는데 공범자가 왔고 소송 상대편이 폭행하여 공범자를 때려 죽였을 경우, 어떤 배상도 하지 않는다.

[제39ㄱ조] 만일 한 남자가 다른 사람의 밭을 소유할 경우, 그는 그 밭의 일부를 소작으로 내주어야 한다. 만일 그가 밭의 일부를 [소작으로 내주지 않을] 경우, 그는 그 밭에서 떠나야 한다. 또한 그는 그 밭을 팔 수 없다.

[제40ㄱ조] 만일 어떤 사람이 쫓겨나 소작농이 그것을 점유하고는,

18) 매우 특별한 조항으로서 다른 법전에서는 이에 관해 거론하지 않는다.

"이것은 나의 것이다"라고 말하고 증명서를 만들어 그 사람의 밭을 취하고 그 사람을 소작농으로 변경했으나, 어떤 사람이 이것을 취소하고 이 밭에서 쫓겨난 사람의 것이라고 설명하면, 그 도시 사람들이 이것을 경작한다. 만일 임금이 유배된 이의 밭을 주면, 그는 (다시) 이 (밭의) 주인이 된다.

[제41ㄱ조] 만일 소작농이 유배되어 어떤 사람이 밭을 점유하고는, "이것은 내 것, 저것은 내 소작지다"라고 하면, 소작농은 밭에 대한 증명서(에 낙인)을 찍는다. 따라서 그는 그 사람의 밭에서 소작일을 한다. 만일 그가 빌린 것을 취소하면, 사람들이 빌린 사람의 밭을 궁을 위해 취하고 빌린 것은 없어진다.

[제42ㄱ조] 만일 어떤 사람이 다른 사람을 고용했는데 그가 (출장) 중에 죽었을 경우, 임금을 지불했다면 그는 배상하지 않는다. 그러나 임금을 지불하지 않았다면 그는 사람을 주어야 한다.

[제43ㄱ조] 어떤 사람이 규칙적으로 소에게 강을 건너게 했는데, 다른 소가 그 소의 뿔을 공격하고 그 강을 건넜다면, 공격받은 소 주인은 공격한 소 주인의 다른 소를 취한다.[19]

[제44ㄱ조 첫째 단] 만일 어떤 사람이 다른 사람을 불에 던져 그가 죽었을 경우, 그를 던진 사람은 아이를 주어야 한다.[20]

[제44ㄱ조 둘째 단] 만일 어떤 사람이 어떤 남자에게 (마술적으로) 정결케 할 경우, 그는 나머지를 태우는 곳에서 할 수 있다. 만일 그가 나머지를 다른 사람의 집에다가 버렸을 경우, 그것은 마술(이고) 임금의 판결에 해당하는 사례다.

[제44조](후기 판) …, 그는 그 남자를 다시 정결케 해 주어야 한다. 만일 그 집안에 어떤 것이 잘못되었을 경우, 그는 그를 다시 정결케 해 주

19) 탈출 21,35-36 참조.

20) 아마도 죽은 이는 아이였을 텐데 죽은 아이 대신 다른 아이를 주는 것으로 문제를 해결하려 하고 있다.

어야 한다. 그리고 그에게 무엇이든 잃어버린 것이 있다면, 그는 그것을 무조건 배상해야 한다.

[제45ㄴ조] 만일 어떤 사람이 기구들을 발견하여 주인에게 [이를] 되돌려 [주면], 기구 주인은 그에게 사례금을 주어야 한다. 만일 그가 기구들을 주인에게 (돌려)주지 않으면, 그는 도둑이 된다.

[제45조](후기 판) 만일 어떤 사람이 기구들이나 소, 양, 말 (또는) 나귀를 발견할 경우, 그것들을 저마다 주인에게 되몰고 와야 한다. 만일 그가 그것들의 주인을 찾지 못하였음을 증명했고 나중에 주인이 그것을 찾을 경우, 그가 데리고 있던 것을 주인에게 되돌려 줘야 한다. 그러나 그가 이것들의 주인을 찾지 못하였다는 사실을 증명하지 않았는데 주인이 이것들을 나중에 찾았을 경우, 그는 도둑이고 (그리고) 세 배를 배상해야 한다.[21)]

[제46ㄱ조] 만일 도성에서 어떤 사람이 밭을 선물로 (받아) 소유하게 되었을 경우, 그가 밭을 많이 받았다면 일을 해야 한다. 만일 그가 적은 밭을 받았다면 일을 하지 않고, 대신 자기 아버지의 집을 위해 일해야 한다. 만일 선물 수여자가 밭을 수공업자와 나누거나 도성에 있는 사람에게 나누어 줄 경우, 그는 일을 해야 한다.

[제47ㄱ조] 만일 어떤 사람이 임금의 선물로 밭을 소유하게 될 경우, 그는 일하지 (않는다). 임금은 식탁에서 빵을 취하고 그것을 그에게 준 것이다.

---

21) "어떤 사람이 소나 양을 도둑질하여 그것을 잡거나 팔았을 경우, 소 한 마리에 소 다섯 마리를, 양 한 마리에 양 네 마리를 배상해야 한다. 도둑이 집을 뚫고 들어가다 들켜서 맞아 죽었으면, 살인죄가 되지 않는다. 그러나 해가 이미 떠오른 다음에는 살인죄가 된다. 도둑질한 자는 배상해야 한다. … 도둑질한 짐승이 소든 나귀든 양이든 아직 산 채로 그의 손에 있으면, 그는 그것을 갑절로 배상해야 한다"(탈출 21,37—23,3).

[제47조](후기 판) 만일 어떤 사람이 임금의 선물로 밭이나 경작지를 소유하게 될 경우, 그는 밭에서 일해야 한다. 만일 그를 궁에서 해방시켰을 경우, 그는 일하지 않아도 된다.

[제47ㄱ조][22] 만일 어떤 사람이 수공업자의 밭을 샀을 경우, 그는 부역봉사를 해야 한다. 그러나 그가 수공업자의 밭 대부분을 샀을 경우, 그는 부역봉사를 하지 않는다. 그러나 그가 수공업자의 땅을 [나누거나][23] 또는 성읍 사람이 밭을 그에게 (줬을) 경우, 그는 부역봉사를 해야 한다.

[제47조](후기 판) 만일 어떤 사람이 수공업자의 땅을 사려 할 경우, 그는 이 사실을 임금에게 물어야 한다. 임금이 이것을 허락할 경우, 그는 부역봉사를 해야 한다. 그가 수공업자 땅의 일부를 사려 할 경우, 그는 부역봉사를 하지 않는다. 만일 밭(과) 휴경지의 경우 또는 성읍의 사람이 그에게 (밭을) 줄 경우, 그는 부역봉사를 해야 한다.

[제48ㄱ조] … 일을 해야 한다. … 누구도 상행위를 해서는 안 된다. 그의 아들, 그의 밭 또는 그의 포도밭을 누구도 사서는 안 된다. 누가 … 상행위를 할 경우, 산 값을 잃게 되고 … 그것을 판 것을 다시 취한다.

[제49ㄱ조] 만일 누가 … 도둑질을 하면, 배상은 할 필요 없다. 그의 사람이 손해배상을 한다. 그들은 모두 사기를 친 것이거나 도둑이 된 것이다. 이 사람들을 공격할 경우, 사람들은 임금의 법정을 무시하는 것이 된다.

---

22) ㄴ필사본에는 없다.

23) 이 부분은 명확하지 않다. 이것은 제46조에 근거한 번역이다.

⑦ 제50-56조: 부역봉사와 자유민에 관한 조항[24]

[제50ㄱ조] … 네리카Nerika에 사는 사람과, 아린나Arinna와 지플란타Ziplanta의 사제는 자기네 성읍에 있는 집에서는 자유롭다.[25] 그러나 그들에게 속한 이는 부역봉사를 해야 한다. 열한째 달에 아린나에 머무르는 자는 [부역봉사에서] 자[유롭다.]

[제51ㄱ조] 그가 전에 아린나에서 직공이었으면, (그때는) 그의 집과 그에게 속한 이는 자유로(웠)다. 단지 그 집에서만 자유롭고 그에게 속한 이는 부역봉사를 해야 한다. 지플란타에서도 마찬가지(다).

[제52ㄱ조] 왕후의 무덤을 관리하는 자, 왕자들의 시종 (그리고) 그들 가운데 수공업자의 밭을 소유한 … 주인은 부역봉사를 해야 한다.

[제53ㄱ조] 만일 수공업자가 어떤 이와 동업하여 일하다가 그들이 서로 다퉈서 동업을 그만둘 경우, 그 일터에 10명이 있었다면 수공업자는 7명을, 동업자는 3명을 갖는다. 소(나) 양이 (있었다)면 같은 방식으로 나눈다. 만일 그들이 임금의 선물을 받았을 경우, 수공업자는 전에 밭을 나눈 것과 같이 임금의 선물의 2/3를 취하고 동업자는 1/3을 취한다.

[제54ㄱ조] 전에 만다Manda 군대, 살라Sala 군대, 타말키야Tamalkija 군대, 하트라Hatra 군대, 자플라Zapla 군대, 타쉬니야Tashinija 군대, 헤무바Hemuwa 군대에서 일한 활잡이, 목수와 방패잡이 … 부역봉사를 하지 않는다. 그들은 소작도 하지 않는다.

[제55ㄱ조][26] 봉토 수령자는 하티의 주민으로서 임금의 아버지에게

---

24) 제50-56조는 부역봉사 의무를 주제로 다룬다. 직업이나 지역의 특수성 또는 계층에 따라 부역봉사 의무가 다르게 부가된다. 각 조항의 구체적인 상황은 짐작하기 어려우나, 다른 고대 근동 법전에서 볼 수 없는 특이한 내용들이다.

25) 여기서 '자유롭다'란 부역봉사에서 제외된다는 의미로 해석할 수 있다.

26) 부역봉사를 다루지 않으며 규정답지 않은 조항이다.

충성을 맹세하러 와서 이렇게 말하였다. "그 누구도 우리를 게바테Gevatte로[27] 대해 주지 않습니다. 사람들은 '너희는 소작인이다' (라고 하면서) 우리를 거절합니다. 그래서 [ ][28] 임금의 아버지와 그들은 '너희는 그들을 너희의 친구처럼 대하라!' 고 하면서 질서를 세웠습니다."

[제56ㄱ조] 요새의 저편에서 쇠를 다룬 이는[29] 임금을 위한 일이나 임금을 위한 포도수확을 할 수 없다. 또한 정원사는 부역봉사를 해야 한다.[30]

⑧ 제57–113조: 절도와 손해배상에 관한 조항

[제57ㄱ조] 만일 어떤 사람이 황소를 훔쳤을 경우 – 만일 소가 이제 막 젖을 뗐으면 황소가 아니고, 한 살이어도 황소가 아니다. 두 살부터 황소다 – 전에는 항상 소 서른 마리로 배상했다. 그러나 지금은 소 열다섯 마리로 배상한다.[31] (곧) 다섯 마리는 두 살 된 소로, 다섯 마리는 한 살 된 소로, 다섯 마리는 젖 뗀 소로 배상하고, 훔친 이의 재산은 담보물로 저당 잡힌다.

[제58ㄴ조] 만일 어떤 사람이 종마를 훔쳤을 경우 – 만일 말이 이제 막 젖을 뗐으면 종마가 아니고, 한 살이어도 종마가 아니다. 두 살부터 종마이다 – 전에는 항상 말 서른 마리로 배상했다. 그러나 지금은 말 열

27) 명확하지 않으나 대부나 친척 또는 동료를 의미하는 것으로 볼 수 있다.

28) '임금의 아버지가 모임에 참석하여' 라는 말이 빠졌을 법하다.

29) "요새의 저편"은 적군이 있는 곳을 말하며, "쇠를 다룬 이"는 적군을 도와 무기를 만들던 사람을 가리킨다.

30) 이 규정은 아마도 두 가지 다른 예를 한 조항에 소개한 것으로 보인다.

31) 탈출 21,37에 따르면, 소를 훔쳤을 경우에는 소 다섯 마리를 배상해야 한다. "어떤 사람이 소나 양을 도둑질하여 그것을 잡거나 팔았을 경우, 소 한 마리에 소 다섯 마리를, 양 한 마리에 양 네 마리를 배상해야 한다."

다섯 마리로 배상한다. (곧) 다섯 마리는 두 살 된 말로, 다섯 마리는 한 살 된 말로, 다섯 마리는 젖 뗀 말로 배상하고, 훔친 이의 재산은 담보물로 저당 잡힌다.

[제59ㄴ조] 만일 어떤 사람이 숫양을 훔쳤을 경우, 전에는 양 서른 마리로 배상했다. 그러나 지금은 양 [열다섯 마리]로 배상한다. (곧) 다섯 마리는 어미 양으로, 다섯 마리는 숫양으로,[32] 다섯 마리는 새끼 양으로 배상하고, 훔친 이의 재산은 담보물로 저당 잡힌다.

[제60ㄴ조] 만일 어떤 사람이 한 황소를 발견해서 그 황소를 거세했는데 황소의 주인이 이 사실을 알아차렸을 경우, 그는 소 일곱 마리로 배상해야 한다. (곧) 두 마리는 두 살 된 소로, 세 마리는 한 살 된 소로, 두 마리는 젖 뗀 소로 배상해야 한다. 그의 재산은 담보물로 저당 잡힌다.

[제61ㄴ조] 만일 어떤 사람이 종마를 발견해서 종마를 거세했는데 종마의 주인이 이 사실을 알아차렸을 경우, 그는 말 일곱 마리로 배상해야 한다. (곧) 두 마리는 두 살 된 말로, 세 마리는 한 살 된 말로, 두 마리는 젖 뗀 말로 배상해야 한다. 그의 재산은 담보물로 저당 잡힌다.

[제62ㄱ조] 만일 어떤 사람이 숫양을 발견해서 숫양을 거세했는데 숫양의 주인이 이 사실을 알아차렸을 경우, 그는 양 일곱 마리로 배상해야 한다. (곧) 두 마리는 어미 양으로, 세 마리는 숫양으로, 두 마리는 어린 양으로 배상해야 한다. 그의 재산은 담보물로 저당 잡힌다.

[제63ㄱ조] 만일 어떤 사람이 쟁기질하는 소를 훔쳤을 경우, 전에는 소 열다섯 마리로 배상했다. 그러나 지금은 열 마리로 배상한다. (곧) 세 마리는 두 살 된 소로, 세 마리는 한 살 된 소로, 네 마리는 젖 뗀 소로 배상한다.

---

32) 훔친 숫양과 배상할 때의 숫양은 그 의미가 다르다. 훔친 숫양은 강하고 우두머리 역할을 한 종자였을 테지만, 배상할 숫양은 그저 평범한 숫양일 뿐이다.

[제64ㄱ조] 만일 어떤 사람이 마차 말을 훔쳤을 경우, 위와 같이 배상한다.

[제65ㄱ조] 만일 어떤 사람이 숫염소, 길들인 사슴 또는 … 양을 훔쳤을 경우, 이 (동물들)에 대한 (보상은) 쟁기질하는 소를 훔쳤을 때와 같은 법규를 적용한다.

[제66ㄱ조] 만일 쟁기질하는 소나 마차 말, 젖소, 마차를 끄는 암말이 (다른 이)의 우리에 들어갔을 경우, 만일 숫염소나 어미 양, 숫양이 (다른 이)의 우리에 들어간 것을 동물 주인이 발견했을 경우, 동물 주인은 법대로 그 동물들을 데려온다. 동물 주인은 우리 주인을 도둑 취급해서는 안 된다.

[제67ㄱ조] 만일 어떤 사람이 젖소를 훔쳤을 경우, 전에는 소 열두 마리로 배상했다. 그러나 지금은 여섯 마리로 배상한다. (곧) 두 마리는 두 살 된 소로, 두 마리는 한 살 된 소로, 두 마리는 젖 뗀 소로 배상한다. 그의 재산은 담보물로 저당 잡힌다.

[제68ㄱ조] 만일 어떤 사람이 마차를 끄는 암말(암낙타, 암당나귀)을 훔쳤을 경우, 같은 방식으로 배상한다.

[제69ㄱ조] 만일 어떤 사람이 어미 양이나 숫양을 훔쳤을 경우, 전에는 저마다 양 열두 마리로 배상했다. 그러나 지금은 양 여섯 마리로 배상한다. (곧) 두 마리는 어미 양으로, 두 마리는 숫양으로, 두 마리는 어린 양으로 배상한다. 그의 재산은 담보물로 저당 잡힌다.

[제70ㄱ조] 만일 어떤 사람이 소나 말, 버새[33] 또는 나귀를 훔쳤는데 동물 주인이 이 사실을 알아차렸을 경우, 그는 동물들을 법대로 다시 데려올 수 있다. 이와 함께 훔친 이는 주인에게 두 배로 배상하고 그의 재산은 담보물로 저당 잡힌다.

---

33) 수말과 암나귀 사이에서 태어난 잡종이다.

[제71ㄴ조] 만일 어떤 사람이 소나 말 (또는) 버새를 발견했을 경우, 그는 그것들을 왕궁의 문으로 몰아내야 한다. 그가 그것들을 길 가는 도중에 발견했다면, 그는 마을 원로에게 보이고 그것을 돌보아야 한다. 그리고 그것들의 주인을 찾을 때까지 그는 그것들을 합법적으로 데려올 수 있다. 그를 도둑 취급해서는 안 된다. 원로에게 보이지 않았다면 그는 도둑이다.

[제72ㄴ조] 만일 한 소가 다른 사람의 밭에서 죽었을 경우, 밭 주인은 소 두 마리를 주어야 하고, 그의 재산은 담보물로 저당 잡힌다.

[제73ㄴ조] 만일 어떤 사람이 살아 (있는) 소를 잘라 나눌 경우, 그는 도둑이나 마찬가지(다).

[제74ㄴ조] 만일 어떤 사람이 소의 뿔이나 소의 발을 부러뜨렸을 경우, 다친 동물은 그가 갖고 (소) 주인에게는 좋은 소를 주어야 한다. 만일 소 주인이 "나는 내 소를 데려 가겠다"고 하면, 그는 소를 데려갈 수 있고 가해자는 소 주인에게 은 2세켈을 주어야 한다.

[제75ㄱ조] 만일 어떤 사람이 소나 말, 버새 (또는) 나귀를 긴장하게 해서 그 동물이 죽었을 경우, 또는 늑대가 물었거나 비슷한 상황이 발생했을 경우, 그는 정상인 동물들을 주인에게 주어야 한다. 그러나 만일 그가 "그 동물들은 신의 뜻에 따라 죽게 된 것입니다"라고 말할 경우, 그는 이 말을 맹세해야 한다.

[제76ㄱ조] 만일 어떤 사람이 소나 말, 버새 (또는) 나귀를 담보로 잡았는데 그것이 거기서 죽었을 경우, 그는 동물을 보내고 그 동물의 값을 지불해야 한다.

[제77ㄱ조] 만일 어떤 사람이 새끼 밴 젖소를 때려 유산하게 했을 경우, 그는 은 2세켈을 지불해야 한다. 만일 어떤 사람이 새끼 밴 말을 때려 유산하게 했을 경우, 그는 은 3세켈을 지불해야 한다.

[제77ㄱ조][34] 만일 어떤 사람이 소나 말의 눈을 멀게 했을 경우, 그는 은 6세켈을 지불하고 자기 집에 감금된다.

[제78ㄱ조] 만일 어떤 사람이 소를 빌렸는데 … 또는 …했는데 그 동물의 주인이 이것을 발견했을 경우, 그는 보리 1셰펠을[35] 주어야 한다.

[제79ㄱ조] 만일 소가 밭 주변을 (서성)이는 것을 밭 주인이 발견했을 경우, (그는) 소를 하루 동안 보살펴야 한다. 새벽이 밝으면 그는 소를 주인에게 돌려주어야 한다.[36]

[제80ㄱ조] 만일 어떤 사람이 양을 늑대에게 던졌을 경우, 양 주인은 기름기 부분을 취하고 다른 사람은 양의 가죽을 취한다.[37]

[제81ㄱ조] 만일 어떤 사람이 살찐 돼지를 훔쳤을 경우, 전에는 은 1미나를 지불했다. 그러나 지금은 은 12세켈을 지불해야 하고, 훔친 이의 재산은 담보물로 저당 잡힌다.

[제82ㄱ조] 만일 어떤 사람이 덜 자란 돼지를 훔쳤을 경우, 그는 은 6세켈을 지불해야 한다. 훔친 이의 재산은 담보물로 저당 잡힌다.

[제83ㄱ조] 만일 어떤 사람이 지붕에 있는 돼지를 훔쳤을 경우, 그는 은 6세켈을 지불해야 하고 사람들은 새끼돼지를 센다.[38] 새끼돼지 두 마리마다 보리 1셰펠을 주어야 하고, 훔친 이의 재산은 담보물로 저당 잡힌다.

[제84ㄱ조] 만일 어떤 사람이 지붕에 있는 돼지를 때려 그 돼지가 죽었을 경우, 그 법 규정은 앞의 것과 같다.

---

34) 윗조항과 단의 구분이 어렵다.

35) 약 60리터 가량 된다.

36) "길을 잃고 헤매는 너희 원수의 소나 나귀와 마주칠 경우, 너희는 그것을 임자에게 데려다 주어야 한다"(탈출 23,4; 참조: 신명 22,1-4).

37) 기름기 부분은 당시 가장 중요한 부위였다. 성경의 예배에서도 하느님께 기름기 부분을 바치라고 한다.

38) 내개는 가축을 집 입구에서 기르고 지붕은 평평하여 아이들이 노는 공간이었는데 여기서는 가축을 기르는 곳으로 등장한다. 아마도 지붕에서 기르던 새끼들을 도둑맞아 몇 마리 잃었는지 세는 것 같다. 이스라엘의 집 역시 지붕 위는 난간 없는 평평한 곳이었다.

[제85ㄱ조] 만일 어떤 사람이 새끼돼지를 선별해서 훔쳤을 경우, 보리 1셰펠을 주어야 한다.

[제86ㄴ조] 만일 돼지가 곡식을 모아 둔 곳이나 밭 (또는) 정원을 돌아다녀 곳간의 주인, 밭 주인, 정원 주인이 (돼지를) 때려서 죽였을 경우, 그는 죽은 돼지를 그 주인에게 돌려준다. 만일 죽은 돼지를 (돌려주지) 않으면 그는 도둑이다.39)

[제87ㄴ조] 만일 어떤 사람이 양 지키는 개를 때려 죽였을 경우, 그는 은 20세켈을 지불해야 하고 그의 재산은 담보물로 저당 잡힌다.

[제88ㄴ조] 만일 어떤 사람이 사냥개를 때려 죽였을 경우, 그는 은 12세켈을 지불해야 하고 그의 재산은 담보물로 저당 잡힌다.

[제89ㄴ조] 만일 어떤 사람이 집 지키는 개를 때려 죽였을 경우, 그는 은 1세켈을 지불해야 한다.

[제90ㄴ조] 만일 어떤 개가 돼지기름 부분을 먹어 고기 주인이 개를 잡아 내장에서 돼지고기를 [ ] 경우, 고기 주인은 배상할 필요가 없다.

[제91ㄴ조] 만일 어떤 사람이 벌집을 훔쳤을 경우, 전에는 [은 …세켈을] 배상했다. 그러나 지금은 은 5세켈을 배상하고 그의 재산은 담보물로 저당 잡힌다.

[제92ㄴ조] 만일 어떤 사람이 두 개 (또는) 세 개의 벌집에서 꿀벌을 훔쳤을 경우, 전에는 벌 가운데 하나를 배상(했)다. 그러나 지금은 은 6세켈을 배상해야 한다. 어떤 사람이 벌통에 벌이 없는데도 벌통을 훔[쳤을] 경우에는 은 3세켈을 배상해야 한다.

[제93ㄴ조] 만일 어떤 사람이 침입하기 전에 집주인이 그 사람을 공격했을 경우, 그는 은 12세켈을 배상해야 한다. 만일 그의 집을 종이 침입하기 전에 그가(집주인) 종을 공격했을 경우, 그는 은 6세켈을 배상해야

---

39) 본 조항에서는 돼지를 때려 죽인 이에 대한 배상은 서술하지 않았다. 곧 배상은 없는 것으로 볼 수 있다. 돼지가 잘못한 것이기 때문이다.

한다.40)

[제94ㄱ조] 만일 어떤 시민이 한 집을 털었을 경우, 그는 (훔친) 모든 것을 되돌려 줘야 한다. 전에는 도둑질에 대한 (벌로) 은 1미나를 (배상)했다. 그러나 지금은 은 12세켈이다. 그가 많이 훔쳤을 경우 많이 지우고, 적게 훔쳤을 경우 적게 지우며, 훔친 이의 재산은 담보물로 저당 잡힌다.

[제95ㄱ조] 만일 종이 어떤 이의 집에 있는 물건을 훔쳤을 경우, 그는 (훔친) 모든 것을 되돌려 줘야 한다. 도둑질에 (대한 벌로) 그는 은 6세켈을 배상해야 한다. 그리고 피해자는 종의 코와 귀를 자르고 주인에게 그를 돌려준다. 그가 많이 훔쳤을 경우 많이 지우고, 적게 훔쳤을 경우 적게 지운다. 그러나 [만일] 종의 주인이 "나는 내 종을 위해 손해배상을 하겠다"고 [하면], 그는 손해배상을 해야 한다. [만일] 그가 (이를) 거절할 경우에 종은 처형된다.

[제96ㄱ조] 만일 어떤 자유민이 곡식창고에 있는 곡식을 (훔)쳐 그의 창고에서 훔친 [곡식]이 발견되었을 경우, 그는 곡식으로 창고를 채우고 은 12세켈을 배상해야 한다. 그의 재산은 담보물로 저당 잡힌다.

[제97ㄱ조] 만일 종이 곡식창고에 있는 곡식을 (훔)쳐 그의 창고에서 훔친 [곡식이 발견]되었을 경우, 그는 곡식으로 창고를 채우고 은 6세켈을 배상해야 한다. 그의 재산은 담보물로 저당 잡힌다.

[제98ㄱ조] 만일 어떤 사람이 집에 불을 질렀을 경우, 그는 집을 다시 지어 주어야 한다. 그리고 그 집 안에 있던 것들, 곧 사람이든 소든 양이든 간에 …, 그는 모두 배상해야 한다.

---

40) 이 조항은 아직 침입하지 않은 사람을 공격한 경우, 그에 따른 배상을 다룬다. "도둑이 집을 뚫고 들어가다 들켜서 맞아 죽었으면, 살인죄가 되지 않는다. 그러나 해가 이미 떠오른 다음에는 살인죄가 된다. 도둑질한 자는 배상해야 한다. 그가 가진 것이 없으면, 제 몸을 팔아 도둑질한 것을 갚아야 한다"(탈출 22,1-2 참조).

[제99ㄱ조] 만일 종이 어떤 집에 불을 질러 그의 주인이 [종]을 위해 배상했을 경우, 사람들은 종의 코와 귀를 자르고 그의 주인에게 돌려준다. 만일 주인이 배상하지 않으면 (종은) 처형된다.

[제100ㄴ조] 만일 어떤 사람이 다른 사람의 광에 불을 질렀을 경우, 그는 다음 해 초까지 그의 소를 빌려 주어야 한다. 그리고 광에 있던 것을 변상해야 한다. 만일 광에 짚이 없었을 경우, 그는 광을 (다시 지어) 주어야 한다.

정원사의 아들 서기관 하니쿨릴리Hanikulili, 그는 최고 서기관의 손자, 상류의 땅에 거주하는 카루누바Karunuwa의 손자 그리고 하니쿠릴리의 손자 …이다.[41]

둘째 서판

[제101조] 만일 어떤 사람이 포도나무[나] 덩굴 또는 …나무 [또는 양파]를 훔쳤을 경우, 전에는 [포도나무마다] 은 1세켈을 [지불했다]. 양파 다발은 은 1세켈을 지불했다. 또한 사람이 창으로 때렸을 경우, [전에는 …] 그렇게 하였다. 그러나 지금은 그가 자유민일 경우 은 6세켈을, 종일 경우 은 3세켈을 지불한다.

[제102조] [만일] 어떤 사람이 연못에서 나무를 훔쳤을 경우, [그것이 한 번 운반할 양이면] 은 3세켈을, 두 번 운반할 양이면 은 6세켈을 지불해야 한다. [그것이 세 번] 운반할 양이면 임금의 법정판결에 따른다.

[제103조] [만일] 어떤 사람이 [식물을] 훔쳤을 경우, 그가 1엘레의 [식물을] 훔쳤으면 그것을 그대로 심어야 하고 은 1세켈을 지불해야 한다.

---

41) 제100조에서 첫째 서판이 끝나는데, 어떤 필사본에는 이처럼 작성한 이의 서명이 쓰여 있다.

[만일] 2엘레의 식물을 훔쳤으면, 그것을 그대로 [심어]야 하고 은 2세켈을 지불해야 한다.

[제104조] [만일] 어떤 사람이 살구나무나 모과나무를 떨어뜨렸을 경우, 그는 [은 …세켈]을 지불해야 하고 재산은 담보물로 저당 잡힌다.

[제105조] [만일 어떤] 사람이 [불을] 내 그 불이 과실이 열린 [포도나]무로 옮겨 붙어 포도나무나 사과나무 또는 살구나무 (또는) 모과나무 등을 태웠을 경우, 그는 각 나무마다 은 6세켈을 지불해야 한다. 그는 다시 그것들을 심어야 하고 자기 집에 감금된다. 만일 종이 그렇게 했을 경우, 그는 은 3세켈을 지불해야 한다.

[제106조] 만일 어떤 사람이 자기 밭에 불을 내 그 (불이) 과실이 열린 다른 (곳에) (옮겨) 붙었을 경우, 그는 이미 타버린 밭을 가진다. 그러나 좋은 밭을 밭이 탄 이에게 주어야 하고, 그는 그 나무의 수확을 갖는다.[42]

[제107조] 만일 어떤 사람이 포도밭에 자신의 양을 풀어 놓아 포도밭에 해를 입혔을 경우, 그는 한 필지(당)[43] 은 10세켈을 배상해야 한다.[44] 그리고 양은 집에 가두어야 한다. 그 땅이 비었으면 은 3세켈을 배상해야 한다.

[제108조] 만일 어떤 사람이 담이 있는 포도밭에서 포도넝쿨을 훔쳤는데 (그것에) 포도송이 100개가 달렸을 경우, 그는 은 6세켈을 지불해야 하고 재산은 담보물로 저당 잡힌다. 그러나 만일 담이 없는 곳에서 넝쿨을 훔쳤을 경우, 그는 은 3세켈을 지불해야 한다.

---

42) "불이 나서 가시덤불에 옮겨 붙어 남의 낟가리나 거두지 않은 곡식이나 밭을 태웠을 경우, 불을 낸 자는 자기의 태운 것을 배상해야 한다"(탈출 22,5).

43) 한 필지는 약 3600m²다.

44) "어떤 사람이 밭이나 포도원에서 풀을 뜯기던 가축을 풀어 놓아 남의 밭 곡식을 뜯어 먹게 하였을 경우, 그는 자기 밭의 가장 좋은 소출과 자기 포도원의 가장 좋은 소출로 배상해야 한다"(탈출 22,4).

[제109조] 만일 어떤 사람이 과수원에서 열매를 땄는데 (그것이) 100개일 경우, 그는 은 6세켈을 지불해야 한다.

[제110조] 만일 어떤 사람이 점토갱에서 초벌 벽토를 훔쳤을 경우, 그가 훔친 [양의] 두 배를 주어야 한다.

[제111조] [만일] 어떤 사람이 초벌 벽토로 [ ] 만들었을 경우, 그는 마술을 한 것으로 임금의 재판정에 (나와야 한다).

[제112조] [만일 어떤 사람이 유배되었던] 장인匠人에게 밭이나 곡식을 줄 경우, 그들은 [3년간]은 [부역봉사]를 하지 않는다. 그러나 4년째 해에는 장인과 더불어 부[역봉사]를 해야 한다.

[제113조] [만일] 어떤 사람이 (적합하지 않은) 방식으로 포도나무를 잘랐을 경우,[45] 그는 이 [포도나무]를 가지고 포도나무 주인에게는 좋은 포도나무를 주어야 한다. 그는 자기 밭의 포도나무가 잘 자랄 때까지 이 밭의 소출을 거둔다. 그는 … 가지고, 그는 … 가진다.

[제114-118조] ….

⑨ 제119-144조: 절도의 처벌에 관한 조항

[제119조] 만일 어떤 사람이 훈련시킨 새나 [또는] …을 [훔쳤을] 경우, [전에는] 저마다 [은 25세켈을 배상했다.] 그러나 지금은 [은] 12세켈을 배상하고 그의 [재산은 담보물로 저당 잡힌다.]

[제120조] 만일 어떤 사람이 … 새를 훔쳤을 경우, 10마리면 그는 [은] 1세켈을 배상해야 한다.

[제121조] 만일 한 시민이 쟁기를 훔쳤을 경우, 그것의 주인은 그 사실을 …. 수소와 더불어 [ ] 전에는 … 그 사실을 입증해야 했다. 그러나 지금은 그는 은 6세켈을 배상하고 재산은 담보물로 저당 잡힌다. 만일 종

45) 포도나무를 잘못 다루어 나무를 망쳤을 경우다.

이 이런 행동을 했을 경우, 그는 은 3세켈을 [배상해야 한다.]

[제122조] 만일 어떤 사람이 … 수레를 훔쳤을 경우, 전에는 은 1세켈을 배상하였다. 그러나 지금은 [은 …세켈을 배상하고 그의 재산은 담보물로 저당 잡힌다.]

[제123조] … 은 3세켈을 [배상하고] 그의 재산은 담보물로 저당 잡힌다.

[제124조] 만일 어떤 사람이 … 훔쳤을 경우, 그는 은 3세켈을 배상하고 재산은 담보물로 저당 잡힌다. 만일 어떤 사람이 수레에다 물건을 싣고 밭에 두었는데 다른 사람이 (수레를) 훔쳤을 경우, 그는 은 3세켈을 배상하고 재산은 담보물로 저당 잡힌다.

[제125조] 만일 어떤 사람이 하수도 배출관을 훔쳤을 경우, 그는 은 1세켈을 배상해야 한다. 만일 어떤 사람이 …나 …을 훔쳤을 경우, 그는 은 1세켈을 배상해야 한다.

[제126조] 만일 어떤 사람이 궁궐 문 앞에서 맷돌을 훔쳤을 경우, 그는 은 6세켈을 배상해야 한다. 만일 어떤 사람이 궁궐 문 앞에서 청동으로 된 창을 훔쳤을 경우, 그는 사형에 처해야 한다. 만일 어떤 사람이 구리로 된 징을 훔쳤을 경우, 그는 보리 1/2세펠을[46] 배상해야 한다. 만일 어떤 사람이 옷감 짜는 실을 훔쳤을 경우, 그는 옷으로 배상해야 한다.

[제127조] 만일 어떤 사람이 서로 다투다가 다른 사람의 집 문을 훔쳤을 경우, 그는 그것으로 인해 잃어버린 것을 모두 배상해야 하고 또한 은 1미나를 지불해야 한다. 그리고 그의 재산은 담보물로 저당 잡힌다.

[제128조] 만일 어떤 사람이 기와(벽돌)를 훔쳤을 경우, 그는 주인에게 훔친 것의 (두 배)를 배상해야 한다. 만일 [어떤 사람이] 돌을 훔쳤을 경우, 그는 두 개당 열 개를 배상해야 한다. 만일 어떤 사람이 [ ], 경계석 또는 … 돌을 훔쳤을 경우, 그는 은 2세켈을 배상해야 한다.

46) 1세펠은 60리터이므로 반 세펠은 30리터가 된다.

[제129조] 만일 어떤 사람이 고삐가 묶여 있는 말이나 버새, [ ] (또는) 청동으로 된 …을 훔쳤을 경우, 전에는 [저마다] 은 1미나를 배상하였다. 그러나 지금은 은 12미나를 [배상]하고 자기 재산은 담보물로 저당 잡힌다.

[제130조] 만일 어떤 사람이 소나 말이나 [ ] 훔쳤을 경우, [그는 은 …세켈을 배상하고] 자기 재산은 담보물로 저당 잡힌다.

[제131조] 만일 [어떤 사람이] 여물 주머니를[47] 훔쳤을 경우, 그는 은 6세켈을 배상하고 [자기 재산은 담보물로 저당 잡힌다].

[제132조] 만일 어떤 시민이 […을 훔쳤을 경우,] 그는 은 6세켈을 배상하고 [자기 재산은 담보물로 저당 잡힌다]. 만일 종일 경우에는 [은 3세켈을 배상해야 한다.]

[제133조] [만]일 어떤 사람이 […을 훔쳤을 경우,] 그는 은 […세켈을 배상]해야 한다. …

[제134-141조] ….

[제142조] [만일 어떤] 사람이 … [갈 경우,] 그리고 어떤 사람이 이 바퀴를 [훔쳤을 경우,] 그는 이 바퀴에 대해서 보리 1/2세펠을 배상해야 한다. [만일 종이 훔쳤을 경우,] 그는 이 바퀴에 대해서 [보리 …]을 배상해야 한다.[48]

[제143조] 만일 어떤 시민이 [가]위나 손톱 다듬는 것을 [훔쳤을] 경우, 그는 은 6세켈을 배상하고 재산은 [담보물로] 저당 잡힌다. 만일 종일 경우에는 [은] 3세켈을 배상해야 한다.

[제144조] 만일 어떤 사람이 이발 [가]위를 그의 [동료]에게 빌려 주었을 경우, 빌린 동료는 [그 가위를] 온전한 상태로 (돌려주어야) 한다. 만일 어떤 사람이 다른 사람의 수건을 … 잘랐을 경우, 그는 은 10세켈을 배상

---

47) 여물 주머니는 말의 목에 달아 둔다.

48) 종이니까 1/4세펠, 곧 15리터를 배상하지 않을까 싶다.

해야 한다. 만일 어떤 사람이 [ ] 잘랐을 경우, 그는 은 5세겔을 배상해야 한다.

⑩ 제145–152조: 빌렸을 경우 적당한 값의 지불에 관한 조항

[제145조] 만일 어떤 사람이 소 우리를 만들 경우, 그 일을 맡은 이에게는 은 6세켈을 지불해야 한다. [만일] 그가 [ ] 놔둘 경우, 그는 임금을 잃게 된다.

[제146조] 만일 어떤 사람이 집이나 밭 또는 목장을 팔려고 하는데 다른 이가 와서 자기 물건에 낮은 (가격을) 매겨 매매를 방해하고 (새로운) 가격을 제시할 경우, 그는 (벌로) 은 1미나를 배상해야 한다. 주인은 땅을 사러 온 첫 구매자에게 팔아야 한다.

[제146조][49] [만일] 어떤 사람이 [ ]을 팔려고 하는데 다른 이가 (파는 것을) [방해할] 경우, 그는 벌로 은 10세켈을 배상해야 한다. 그리고 땅 주인은 땅을 사러 온 첫 (사람에게) 팔아야 한다.

[제147조] [만일] 어떤 사람이 외국 [사람]을 팔려고 하는데 다른 이가 파는 것을 방해할 경우, 그는 (벌로) 은 5세켈을 배상해야 한다.

[제148조] [만일] 어떤 사람이 [소]나 말, 버새 (또는) 나귀를 [팔려고] 하는데 다른 이가 방해할 경우, 그는 (벌로) 은 [ ]을 배상해야 한다.

[제149조] [만]일 어떤 사람이 기술[자]를 [ ] 팔고 "그가 죽었다"라고 하였는데 그의 주인이 그 사실을 알아낼 경우, 주인은 기술자를 다시 데려온다. 또는 이 사람을 판 사람은 기술자 두 사람을 주어야 하고, 자기 재산은 담보물로 저당 잡힌다.

49) 같은 조항이 두 개 이상인 것들은 서로 다른 필사본들에서 비롯한다. 제158조 이하에도 계속 나온다.

[제150조] 만일 어떤 남자가 품삯 (계약)을 맺었을 경우, [한 달에 은 … 세켈을 지불해야 한다]. 만일 여자가 품삯 (계약)을 맺었을 경우, 한 달에 [은 …세켈을] 주어야 한다.

[제151조] 만일 어떤 사람이 쟁기질하는 소를 빌릴 경우, 그는 한 달에 [은] 1세켈을 [지불해야] 한다. [만일 어떤] 사람이 [ ]을 빌릴 경우, 그는 한 달에 [은] 1/2세켈을 [지불해야] 한다.

[제152조] 만일 어떤 사람이 말이나 버새 (또는) 나귀를 빌[릴] 경우, 그는 [한 달에] 은 1세켈을 지불해야 한다.

[제153–156조] ….

⑪ 제157–177조: 품삯과 배상에 관한 조항

[제157조] 만일 청동으로 된 손도끼의 무게가 3미나일 경우, 그의 한 달 품삯은 은 1세켈이다. 만일 청동으로 된 손도끼의 무게가 1미나 20(세켈)일[50] 경우, 그의 한 달 품삯은 은 1/2세켈이다. 만일 동으로 된 … 무게가 1미나일 경우, 그의 한 달 품삯은 은 1/2세켈이다.

[제158조] 만일 어떤 남자가 추수 때에 품삯 (계약)을 맺고는 곡식단을 묶어 그것을 수레에 옮겨 와 창고에 채워 두고 탈곡마당에서 키질을 하였을 경우, 그의 세 달 품삯은 보리 30셰펠이다.

[제158조] 만일 어떤 여자가 추수 때에 품삯 (계약)을 맺었을 경우, 그의 세 달 품삯은 보리 12셰펠이다.

[제159조] 만일 어떤 사람이 수레 끄는 소를 하루 동안 끌 경우, 그의 품삯은 보리 1/2셰펠이다.

[제160조] 만일 대장장이가 청동으로 된 100미나(짜리) 하수관을 완성했을 경우, 그의 품삯은 보리 100셰펠(이다).

---

50) 1미나가 40세켈이므로 20세켈은 1/2미나이다.

[제160조] 만일 그가 청동으로 된 2미나짜리 손도끼를 완성했을 경우, 그의 품삯은 밀 1셰펠(이다).

[제161조] 만일 그가 청동으로 된 1미나짜리 손도끼를 완성했을 경우, 그의 품삯은 보리 1셰펠(이다).

[제162조] 만일 어떤 사람이 수로방향을 뒤쪽에서 다른 곳으로 틀었을 경우, 그는 은 1세켈을 배상해야 한다. 만일 어떤 사람이 나중에 이 수로방향을 상류 쪽으로 틀었을 경우, 그는 …. 만일 그가 수로를 하류 쪽으로 틀었을 경우, 그것은 정당하다.

[제162조] 만일 [어]떤 사람이 수로를 [ ] 소유하고, 그가 수로를 누구의 밭으로 [ ] 틀었을 경우, 그것은 […. 만일] 어떤 사람이 목초지에 있는 양에게 […, 그는 손해를 (배상해야) 하는]데, 그는 같은 동물의 모피나 고기를 주어야 한다.

[제163조] 만일 어떤 사람이 신성한 곳의 동물을[51] 때렸을 경우, 그는 그곳을 정화하고 앞으로 나아가게 한다. 그러나 그는 … 시작하고 동료에게 이 사실을 말하지 않아 동료가 그 사실을 모른 채 동물을 이리저리 몰아 그 동물이 죽었을 경우, 그는 손해를 (배상해야) 한다.

[제164-165조] 만일 어떤 사람이 무엇을 저당 잡히러 가다가 싸움이 벌어져 두꺼운 빵이나 포도주동을 부숴뜨렸을 경우, 그는 한 해가 지나기 전에 양 한 마리와 빵 열 개, 그리고 맥주 한 항아리를 배상하고, 자기 집은 (채무에서) 자유롭다고 선언해야 한다. 그러면 그는 자기 집에서 살 수 있다.

[제166-167조] 만일 어떤 사람이 땅에 (새로운) 종자를 심고 소의 목덜미에 쟁기를 걸어 이 (소)는 이쪽으로 저 소는 저쪽으로 몰 경우, 그는 사형에 처해야 하고 소도 죽는다. 그리고 전에 이 땅을 경작했던 이가 밭에서 난 수확을 갖는다. 전에는 이와 같이 집행을 했으나 지금은 사람을

51) 신성한 동물을 의미하는 것으로 볼 수도 있다.

죽이는 대신 양으로 배상하고, 소를 죽이는 대신 양으로 배상한다. 그는 빵(과) 맥주 세 항아리를 주어야 한다. (그러면) 그는 해방된다. 그리고 전에 이 땅에서 경작했던 이가 밭에서 난 수확을 갖는다.

[제168조] 만일 어떤 사람이 밭의 경계선을 넘어 쟁기질을 해 땅을 (경작)했을 경우, 그 땅 주인은 1엘레의 땅을 떼어 갖는다. 경계를 넘어간 이는 양 한 마리와 빵 열 개, 그리고 맥주 한 항아리를 배상해야 한다. 그러고 나서 그는 땅의 문제가 풀렸다고 선언해야 한다.

[제169조] 만일 어떤 사람이 밭을 사고 (실수로) 밭의 경계선을 넘었을 경우, 그는 제사 빵을 들고 태양신 앞에서 그것을 자른다. 그리고 "나는 (고의)로 넘은 것이 아닙니다"라고 말해야 한다. 그리고 그는 "태양신이시여! 기후 신이시여! 우리 사이에 싸움이 없게 (하소서)"라고 말해야 한다.

[제170조] 만일 어떤 시민이 뱀을 때려서 죽이고는 그것을 다른 (시민이) 그랬다고 말할 경우, 그는 은 1미나를 배상해야 한다. 그리고 만일 종이 (이와 같은 행동을) 했을 경우, 그는 사형에 처한다.

[제171조] 만일 어머니가 아들의 옷을 없애버리면, 이는 어머니가 자기 아들과 부모자식의 인연을 끊으려는 것이다. 아들이 어머니 집으로 돌아온다면, 그는 문을 잡고 그것을 돌린다. 그들은 … (그리고) … 그는 취하고 (어머니는) 돌린다. 어머니가 그의 이쉬키샨나Iškiššana와 후풀리Ḫuppulli를 취하여 (그것을 원래 자리로) 옮겨 놓으면, 어머니는 아들의 권위를 회복시켜 주는 것이 된다.

[제172조] 만일 어떤 사람이 다른 남자를 기근의 해에 살 수 있게 하였을 경우, 그 남자는 기근의 해에 (자신을 살려 준) 그를 살 수 있게 해야 한다. 그리고 만일 (그가) 종일 경우, 그 남자는 은 10세켈을 종에게 주어야 한다.

[제173조] 만일 어떤 사람이 임금의 판결에 이의를 제기할 경우, 그의 집은 초토화한다. 만일 어떤 사람이 귀족의 판결에 이의를 제기할 경

우, 그의 머리를 베야 한다.

[제173조] 만일 종이 주인에게 [항거]할 경우, 그는 항아리에 가둔다.[52)]

[제174조] 만일 사람들이 서로 싸우다 누구 하나가 죽었을 경우, 가해자는 사람 하나를 배상해야 한다.[53)]

[제175조] 만일 양치기나 양의 관리자가 시민을 아내로 취할 경우, 그 여자는 두 해 또는 네 해 동안 종이다. 또한 그 여자의 자식들은 권리가 적고 그 누구도 그 (여자)를 아내로 삼아서는 안 된다.

[제176조] 만일 어떤 사람이 소 울타리를 …했을 경우, 임금은 판결을 내리고 그 판결에 따라 사람들은 그것을 팔아야 한다. 그것은 셋째 해에 교미를 할 수 있다. 쟁기질하는 소와 숫양, (그리고) 숫염소는 셋째 해에 교미를 한다.

[제176조] 만일 어떤 사람이 수공업자를 살 경우, 곧 옹기장이, 대장장이, 목수, 무두장이, 마전장이, 직공 또는 …옷 만드는 사람을 고용할 (경우), 그는 은 10세켈을 지불해야 한다.

[제177조] 만일 어떤 사람이 훈련된 새잡이를 고용할 경우, 그는 은 25세켈을 지불해야 한다. 어떤 사람이 외국 남자나 여자를 살 경우, 그는 은 20세켈을 지불해야 한다.

---

52) *TUAT*은 '냄비로 보낸다'로 번역한다. 이것은 극형으로 '삶아서 죽이는 것'을 가리킬 수 있다.

53) 내용으로 보아서는 이른바 '동태복수법'으로 보일 수 있다. 그러나 상해 또는 과실치사 개념으로서 이에 따른 보상을 말한다. 이것은 탈출 21,18-19에 상응한다. "사람들이 서로 다투다 한 사람이 상대방을 돌이나 주먹으로 때려, 그가 죽지는 않고 자리에 눕게 되었을 경우, 그가 나중에 일어나서 지팡이를 짚고 밖을 돌아다니게 되면, 때린 자는 벌을 면한다. 다만 그동안의 손해를 갚고, 나을 때까지 치료해 주어야 한다."

⑫ 가격에 관한 조항

[제178조] 쟁기를 가는 소의 값은 은 12세켈(이다). 황소의 값은 은 10세켈(이다). 어미로 자란 젖소의 값은 은 7세켈(이다). 1년된 쟁기를 끄는 황소 또는 암소의 값은 은 5세켈(이다). 젖 뗀 소를 (사려면) 은 4세켈을 지불해야 한다. 새끼 밴 젖소의 (값은) 은 8세켈이다. 새끼 송아지의 값은 은 2세켈(이다). 종마, 암말, 숫나귀, 암나귀의 값도 마찬가지(다).

[제179조] 양의 값은 은 1세켈이다. 염소 세 마리의 값은 은 2세켈(이다). 어린양 두 마리의 값은 은 1세켈(이다). 새끼 염소 두 마리의 값은 은 1/2세켈(이다).

[제180조] 만일 마차 끄는 말일 경우, 그 값은 은 20세켈(이다). 버새의 값은 은 1미나(다). 말의 값은 은 14세켈(이다). 한 살 된 종마의 값은 은 10세켈(이다). 한 살 된 암말의 값은 은 15세켈(이다).

[제181조] 젖 뗀 수컷 망아지와 (젖 뗀) 암컷 망아지의 값은 저마다 은 4세켈(이다). 4미나짜리[54] 구리 값은 은 1세켈(이다). 깨끗한 기름 …의 값은 은 2세켈(이고), 돼지기름 …은 은 1세켈, 버터 …은 은 1세켈, 꿀 …은 은 1세켈, 치즈 두 개는 은 1세켈, 응결유[55] 세 (개)는 은 1세켈이다.

[제182조] … 옷의 값은 은 12세켈(이고), 얇은 옷은 은 30세켈, 양모로 된 옷은 은 20세켈, 긴 목도리는 [은] 10세켈, 길게 갈라진 옷은 은 3세켈, …옷은 은 4세켈, 거친 직물로 된 옷은 은 1세켈이다. 얇은 겉옷의 [값은] 은 3세켈(이다). …

[제182조] 옷감으로 된 7미나짜리 수건 [값]은 [은 …세켈이고], 큰 아마로 된 (수건)은 은 5세켈이다.

---

54) 여기서는 무게를 말한다.

55) 우유를 치즈로 응고시키는 기름을 가리킨다.

[제183조] 밀 3셰펠의[56] [값]은 은 1세켈이고, … 4셰[펠은 은 …세켈], 포도주 1셰펠은 은 1/2세켈, … 1셰펠은 [은 …세켈]이다. 물을 댈 수 있는 밭 1필지의 [값]은 [은] 3[세켈]이고 … 밭 1필지는 은 2세켈이다. 그 밖에 …의 [값]은 은 1세켈이다.

[제184조] ….

[제185조] 포도밭 한 필지의 값은 은 1미나(이고), 다 자란 소의 가죽은 은 1세켈이며, 젖 뗀 소 다섯 마리의 가죽은 은 1세켈, 소 열 마리의 가죽은 은 1미나, 양의 가죽은 은 1세켈, 털이 깎인 양 열 마리의 가죽은 은 1세켈, 염소 네 마리의 가죽은 은 1세켈, … 염소 열다섯 마리의 가죽은 은 1세켈, 양 스무 마리의 가죽은 은 1세켈, 암염소 스무 마리의 가죽은 은 1세켈이다. 다 자란 소 두 마리의 고기를 사는 사람에게는 양 한 마리를 준다.[57]

[제186조] 두 살 된 소의 고기를 사는 사람에게는 양 한 마리를 준다.[58] 젖 뗀 소 다섯 마리의 고기를 사는 사람에게는 양 한 마리를 준다. 갓 나온 소 열 마리의 고기를 사는 사람에게는 양 한 마리를 준다. 양 열 마리[의 고기]를 사는 사람에게는 양 한 마리를 준다. 어린 소 20마리의 고기를 사는 사람에게는 양 한 마리를 준다. [ ] 어떤 사람이 암 염소 [20 마리의] 고기를 살 경우, 그에게는 양 한 마리를 준다.

56) 120리터쯤 된다.

57) 양 한 마리인지, 양 한 마리의 고기인지 확실하지 않다.

58) 이것은 매우 특별한 규정으로 큰 물건을 샀을 때 작은 것 하나를 덤으로 주는 풍습에서 비롯한 규정으로 보인다.

⑬ 제187-200조: 부적절한 성관계에 관한 조항

[제187조] 만일 어떤 남자가 소와 [나쁜 짓을] 했을 경우,[59] (그것은) 중죄(이므로) 그는 사형에 처해야 한다. 사람들은 그를 임금의 문으로[60] 데리고 와야 한다. 임금은 그를 죽이(거나) 살려 줄 수 있다. 그러나 그가 임금에게 나아갈 수는 없다.

[제188조] 만일 어떤 남자가 양과 [나쁜 짓을] 했을 경우, (그것은) 중죄(이므로) 그는 사형에 처해야 한다. 사람들은 그를 임금의 [문]으로 데리고 와야 한다. [임금은] 그를 죽이(거나) 살려 줄 수 있다. 그러나 그가 임금에게 나아갈 수는 없다.

[제189조] 만일 어떤 남자가 자기 어머니와 나쁜 짓을 했을 경우,[61] (그것은) 중죄(이다). 만일 어떤 남자가 자기 딸과 나쁜 짓을 했을 경우, (그것은) 중죄(이다). 만일 어떤 남자가 자기 아들과 나쁜 짓을 했을 경우, 그것은 중죄이다.

[제190조] 만일 그들이 죽은 이의 혼을 접했을 경우 - 남자(거나) 여자거나 (어떠한) 형벌도 부과되지 않는다.[62] 만일 어떤 남자가 자기 계모와 나쁜 짓을 했을 경우, 어떠한 형벌도 부과되지 않는다.[63] 그러나 만일 그의 아버지가 아직 살아 있다면, 그것은 중죄이다.

[제191조] 만일 한 시민이 여러 여자들과 동거하거나 그 여자들의 어

59) 소와 교접한 것을 말한다.

60) 여기서 '임금의 문'은 재판정을 가리킨다.

61) 이것은 레위 20,11에서도 언급되고 있다. "자기 아버지의 아내와 동침한 사람은 자기 아버지의 치부를 드러내었다. 그 둘은 사형을 받아야 한다."

62) 이 내용은 *ANET*에는 서술되어 있지 않다(*ANET*, 196).

63) "어떠한 형벌도 부과되지 않는다"는 직역하면 '분노할 일이 아니다'이다. 앞의 규정들은 '중죄'라는 말로 유죄를 판결하는 반면에, 무죄인 경우는 "분노할 일이 아니다"라는 말로 판결한다.

머니와 잤는데, 한 곳에서는 이 여자들과 동거하고 다른 지역에서는 저 여자들과 동거하였을 경우, 어떠한 형벌도 부과되지 않는다. 그러나 그가 한 곳에서 (그랬을) 경우, (그것은) 중죄(이다).

[제192조] 만일 한 여자의 남편이 죽었을 경우, 남편 (재산)의 일부는 그 아내의 것이 된다.

[제192조](아마도 초기 판) 만일 한 남자의 아내가 죽(어) [남편이 부인]의 여동[생을 아내로 맞았을] 경우, 어떠한 형벌도 부과되지 않는다.[64]

[제193조] 만일 어떤 남자가 여자를 아내로 맞이했는데 그 남자가 죽었을 경우, 그의 부인은 남편의 형제를 취하거나 남편의 아버지를 취한다.[65] 남편의 아버지가 죽으면 부인은 시아버지의 형제 가운데 하나를 취한다. (그것은) 어떠한 형벌도 부과되지 않는다.

[제194조] 만일 한 시민이 여종이나 여종의 어머니와 동침했을 경우, 어떠한 형벌도 부과되지 않는다. 만일 친척이 같은 여자와 동침했을 경우, 어떠한 형벌도 부과되지 않는다. 만일 아버지나 그의 아들이 종이나 창녀와 동침했을 경우,[66] 어떠한 형벌도 부과되지 않는다.

[제195조] 만일 어떤 남자가 자기 형제의 부인과 동침했을 경우, 형제가 살아 있다면 (그것은) 중죄(이다). 만일 그가 여자 시민을 (아내로) 삼았는데 여자 시민의 딸과 동침했을 경우, 그것은 중죄이다. 만일 그가 딸을 (아내로) 삼았는데 그녀의 어머니와 동침했을 경우, (그것은) 중죄(이다).

64) 이것은 수혼법과는 다른 경우이다.

65) 이른바 수혼법을 말한다. 타마르와 유다 이야기에서 이와 비슷한 제도를 찾아볼 수 있다(창세 38장 참조).

66) 이것은 아모스 예언자가 이스라엘의 죄를 고발한 내용 가운데 하나다. "아들과 아비가 같은 처녀에게 드나들며"(아모 2,7 참조). 이 조항과 예언자의 고발은 서로 다르게 이해하고 있다.

[제196조] 만일 (한 남자의) 남종(이나) 여종들이 중죄를 지었을 경우, 하나는 이 성읍으로 다른 하나는 저 [성]읍으로 이주시킨다. 남종 대신에 양 하나를 (끌어)오고 여종 대신에 양 하나를 (끌어온다).[67]

[제197조] 만일 어떤 남자가 여자를 산에서 강제로 성추행했을 경우, 그것은 오직 남자 잘못이므로 그는 사형에 처해야 한다. 그가 집에서 여자를 성추행했을 경우, (그것은) 여자 잘못(이므로) 그 여자는 사형에 처해야 한다. 만일 남(편)이 (둘을) 잡아 그들을 죽게 했을 경우, 그에게는 잘못이 없다.[68]

[제198조] 만일 남편이 (그들을) 궁궐 문 앞으로 데려와 "제 아내를 사형해서는 안 됩니다"라고 말할 경우, 그의 아내는 살려 줘야 한다. 또한 아내와 사랑을 나눈 이도 살려 줘야 한다. 만일 그가 "이 두 사람 다 사형에 처해야 합니다"라고 말할 경우, 그들을 법정에 (끌고 와) 무릎을 꿇게 한다. 임금은 그들을 사형에 처하(거나) 살려 줄 수 있다.

[제199조] 만일 어떤 사람이 돼지나 개와 나쁜 짓을 했을 경우,[69] 그는 사형에 처해야 한다. 사람들은 (그 사람과 동물을) 궁궐 문 앞으로 데려온다. 임금은 그들을 사형에 처하(거나) 살려 줄 수 있다. 그러나 그가 임금에게 나아갈 수는 없다. 만일 소가 사람에게 뛰어오른 것일 경우,[70] 그 소는 죽여야 한다. 그러나 그 사람을 사형해서는 안 된다. 그 사람 대신 양을 선택해서 그 양을 죽인다. 만일 돼지가 사람에게 뛰어오른 것일 경우, 어떠한 형벌도 부과되지 않는다.[71]

---

67) 아마도 종이 중죄를 지은 데 대한 속죄의식과 관련한 것으로 보인다.

68) 신명 22,23-27에서도 거의 같은 규정을 볼 수 있다.

69) 동물과의 교접을 말한다. "짐승과 교접하는 자는 누구든 사형을 받아야 한다"(탈출 22,18).

70) 교미를 하기 위해 뛰어오르는 것일 수 있다.

71) 소가 달려들면 사람에게 위협이 되지만, 돼지는 그리 위협이 되지 않는다.

[제200조] 만일 어떤 사람이 말이나 버새와 나쁜 짓을 했을 경우,[72] 어떠한 형벌도 부과되지 않는다.[73] 그러나 그는 임금에게 나아갈 수 없고 사제에게도 나아가서는 안 된다. 만일 어떤 사람이 추방당한 여자와 잠자리를 하고 나서 그녀의 어머니, 여동[생 또는 딸]과 동침했을 경우, 어떠한 형벌도 부과되지 않는다. 만일 어떤 사람이 젊은이를 가르칠 경우, - 그가 목수이든 대장장이든 직공이든 무두장이든 마전장이든 - 그는 배우기 위해 은 6세켈을 내야 한다. 만일 (가르치는 자)가 그를 쓸모 있는 이로 만들지 못했을 경우, 그는 그에게 한 사람을 주어야 한다.[74]

---

72) 통상적으로 동물과의 성교를 의미하지만, 문맥에서는 동물을 학대하는 것으로 이해할 수도 있다.

73) 일반적으로 동물과 교접하는 것은 고대 근동 법전이나 성경에서 매우 강하게 비난한다. 이 조항에서 이 동물과의 교접을 중죄로 보지 않고 분노할 일이 아니라고 한 것은 매우 이례적이다.

74) 교육자가 제대로 가르치지 못한 대가로 피교육자의 가족에게 한 사람을 보상하라는 의미로 이해할 수 있다.

고대 근동 법전과 구약성경의 법

약어
참고문헌
성경 찾아보기

약어

AfO	Archiv für Orientforschung
ANET	J.B. Pritchard (Hg.), *Ancient Near Eastern Texts relating to the Old Testaments* (Princeton, ²1969)
AOT	H. Gressmann (Hg.), *Altorientalische Texte zum Alten Testaments* (Berlin/Leipzig, ²1926)
AS	*Assyriological studies*
ATD	Das Alte Testament Deutsch
ATD.E	ATD Ergänzungsreihe
BBB	Bonner Biblische Beiträge
BDB	*The Brown–Driver–Briggs Hebrew and English Lexicon* (Oxford, 1907[1962])
BE	Biblische Enzyklopädie (Stuttgart)
BHTh	Beiträge zur historischen Theologie
BSt	Biblische Studien (Neukirchen)
BZAW	Beiheft zur Zeitschrift für die alttestamentliche Wissenschaft
CE	Codex Eschnunna
CH	Codex Hammurabi
*HAL*³	*Hebräisches und Aramäisches Lexikon zum Alten Testament* (Leiden, ³1967–1990)
HG	Hethitische Gesetze
IDB	*The Interpreters Dictionary of the Bible*
JCS	*Journal of Cuneiform Studies*
MAG	Mittelassyrische Gesetze

OBO	Orbis Biblicus et Orientalis
RA	*Revue d' assyrilolgy et d' archéologie orientale*
RGG^{3}	*Die Religion in Geschichte und Gegenwart* 3판
RGG^{4}	*Die Religion in Geschichte und Gegenwart* 4판
RTAT	W. Beyerlin (Hg.), *Religionsgeschichtliches Textbuch zum Alten Testament*
SAA	State Archives Assyria
SPAW	*Sitzungsberichte der Preussischen Akademie der Wissenschaft*
StANT	Studien zum Alten und Neuen Testament
StudBib	Studia Biblica (Leiden)
TGI^{3}	K. Galling, *Textbuch zur Geschichte Israels* (Tübingen, ^{3}1979)
THAT	E. Jenni / C. Westermann (Hg.), *Theologisches Handwörterbuch zum Alten Testament*
ThWAT	*Theologisches Wörterbuch zum Alten Testament*
TRE	*Theologische Realenziklopädie* (Berlin, 1976–2004)
TUAT	O. Kaiser (Hg.), *Texte aus der Umwelt des Alten Testaments* (Gütersloh, 1982–1994)
VTS	Supplements to VT
UT	Ugaritic Textbook (C.H. Gordon, Rome, 1965)
WMANT	Wissenschaftliche Monographien zum Alten und Neuen Testament

참고 문헌

『성경』, 한국 천주교 주교회의, 2005.

우르-남무 법전

Gurney, O.R. / Kramer, S.N., *AS* 16 (Chicago/London, 1965), 13-19.

Finkelstein, J.J., *JCS* 22 (1968/69), 66 이하.

______, *ANET*, 523-525.

Haase, R., *Die Keilschriftlichen Rechtssammlung in deutescher Fassung* (Wiesbaden, 21979).

Römer, W.H.Ph., *TUAT*, 17-23.

리피트-이쉬타르 법전

Haase, R., *Die Keilschriftlichen Rechtssammlung in deutescher Fassung* (Wiesbaden, 21979).

Kramer, S. N., *ANET*, 159-161.

Lutzmann, H., *TUAT*, 23-31.

Steele, F.R., *The Code of Lipit-Ishtar* (Museum Monographs; Philadelphia, 1948).

에쉬눈나 법전

Borger, R., *TUAT*, 32-38.

Goetze, A., *The Law of Eshnunna* (New Haven, 1956).

______, *ANET*, 161-163.

Haase, R., *Die Keilschriftlichen Rechtssammlung in deutescher Fassung* (Wiesbaden, ²1979).

Yaron, R., *The Law of Eshnunna* (Jerusalem, 1969).

함무라비 법전

Borger, R., *Babylonisch-assyrische Lesestücke* (Rome, ²1979).

______, *TUAT*, 39-80.

Driver, G.R. / Miles, J.C., *The Babylonian Laws I-II* (Oxford, 1952/1953).

Haase, R., *Die Keilschriftlichen Rechtssammlung in deutescher Fassung* (Wiesbaden, ²1979).

Meek, T., *ANET*, 163-180.

Richardson, N.E.J., *Hammurabi' s Laws : Text, Translation and Glossary* (London, 2000).

중기 아시리아 법전

Borger, R., *Babylonisch-assyrische Lesestücke* (Rome, ²1979).

______, *TUAT*, 80-92.

Driver, G.R. / Miles, J.C., *The Babylonian Laws I-II* (Oxford, 1952/1953).

Haase, R., Die Keilschriftlichen Rechtssammlung in deutescher Fassung (Wiesbaden, ²1979).

Meek, T., *ANET*, 180-188.

신바빌로니아 법전

Borger, R., *TUAT*, 92-95.

Driver, G.R. / Miles, J.C., *The Babylonian Laws I-II* (Oxford,

1952/1953).

Ebeling, E., *AOT*, 422–423.

Haase, R., *Die Keilschriftlichen Rechtssammlung in deutescher Fassung* (Wiesbaden, [2]1979).

Meek, T., *ANET*, 197–198.

Meissner, B., *SPAW* (1918), 280–297.

Peiser, F., *SPAW* (1889), 823–828.

히타이트 법전

Goetze, A., *ANET*, 188–197.

Friedrich, J., *Die Hethitischen Gesetze* (Leiden, [2]1971).

Haase, R., *Die Fragmente de hethitischen Gesetze* (Wiesbden, 1968).

______, *Die Keilschriftlichen Rechtssammlung in deutescher Fassung* (Wiesbaden, [2]1979).

Neufeld, E., *The Hittite Laws* (London, 1951).

von Schuler, E., *TUAT*, 96–123.

그 밖의 참고 문헌

Betz, H.D. u.a. (Hg.), *Die Religion in Geschichte und Gegenwart* (Tübingen, [3]1998–2006).

Beyerlin, W., *Religionsgeschichtliches Textbuch zum Alten Testament* (ATD Erg. 1; Götingen, [2]1985).

Finkelstein, J.J., "Ammiṣaduqa' s Edict and the Babylonian 'Law Codes' ", *JCS* 15 (1961), 91–104.

______, "The Edict of Ammiṣaduqa : A New Text", *RA* 63 (1969), 45–64.

_____, "Ammiṣaduqa", *ANET*, 526–528.

Galling, K. (Hg.), *Die Religion in Geschichte und Gegenwart* (Tübingen, ^{3}1957–65).

Kaiser, O. (Hg.), *Text aus Umwelt des Alten Testament* I/1 (Gütersloh, 1982).

Pritchard, J.B. (Hg.), *Ancient Near Eastern Texts. Relationg to the Old Testament* (Chicago, ^{3}1969).

Schwertner, S. (Hg.), *Theologische Realenzyklopädie* (Berlin, 1976–2004).

Albertz, R., *Religionsgeschichte Israels in alttestamentlicher Zeit, Teil I: Von der Anfädgenen bis zum Ende der Königszeit* (ATD.E 8/1; Göttingen, ^{2}1996).

(= 알베르츠, R., 『이스라엘 종교사 1』, 강성열 옮김, 크리스챤다이제스트, 2003).

_____, *Religionsgeschichte Israels in alttestestamentlicher Zeit, Teil II: Vom Exil bis zu den Makkabäern* (ATD 8/2; Göttingen, ^{2}1996).

(= 알베르츠, R., 『이스라엘 종교사 2』, 강성열 옮김, 크리스챤다이제스트, 2004).

Alt, A., "Die Ursprünge des isralitischen Rechts", *Kleine Schriften zur Geschichte des Volkes Israel I* (München, ^{2}1968), 278–332.

Assmann, J., *Ma'at. Gerechtigkeit und Unsterblichkeit im Alten Ägypten* (München, ^{2}1995).

_____, *Ägypten. Theologie und Frömmigkeit einer frühen Hochkultur* (Stuttgart, ^{2}1991).

Boecker, H.J., *Redeformen des Rechtslebens im Alten Testament*

(WMANT 14; Neukirchen-Vluyn, ²1970).

______, H.J., *Recht und Gesetz im Alten Testament und im Alten Orient* (Neukirchen-Vluyn, ²1984).

Cardellini, I., *Die biblische Sklaven-Gesetze im Lichte des keilschriftlichen Sklavenrechts. Ein Beitrag zur Tradition und Redaktion der alttestamentlichen Rechtstexte* (BBB 55; Bonn, 1981).

Chae, H.S., *Das Bundesbuch und die prophetische Sozialkritik* (Diss. Marburg, 1998).

Crüsemann, F., "Auge um Auge (Ex 21,24f). Zum sozialgeschichtlichen Sinn des Talionsgesetzes im Bundesbuch", *EvTh* 47 (1987), 411-426.

______, *Die Tora. Theologie und Sozialgeschichte des alttestamentlichen Gesetzes* (München, ²1996).

(= 프랑크 크뤼제만, 『토라』, 김상기 옮김, 한국신학연구소, 1995).

Donner, H., *Geschichte des Volkes Israel und seiner Nachbarn in Grundzügen 1* (ATD.E 4/1; Göttingen, 1984).

______, *Geschichte des Volkes Israel und seiner Nachbarn in Grundzügen 2* (ATD.E 4/2; Göttingen, 1986).

Fohrer, G., *Erzähler und Propheten im Alten Testament. Geschichte der israelitischen und frühjüdischen Literatur* (Heidelberg, 1988).

Frayne, D., *Old Babylonian Period (2003-1595)*, (Toronto, 1990).

Fritz, V., *Die Entstehung Israels im 12. und 11. Jahrhundert v. Chr.* (BE 2; Stuttgart, 1996).

Gertz, J.C., *Die Gerichtsorganisation Israels im deuteronomischen Gesetz* (FRLANT 165; Göttingen, 1994).

Grayson, A.K., *Assyrian Rulers of the Third and Second Millennia BC (To 1115 BC)* (Toronto, 1987).

______, *Assyrian Rulers of the Early First Millennium BC I (1114 –859 BC)* (Toronto, 1991).

Gunneweg, A.H.J., *Geschichte Israels bis Bar Kochbar* (Stuttgart, 1972).

(= 안토니우스 H.J. 군네벡, 『이스라엘 역사』, 문희석 옮김, 한국신학연구소, 32000).

Hays, J.H. and Miller, J.M., *A History of Ancient Israel and Judah* (Philadelphia, 1986).

(= 맥스웰 밀러, J. · 헤이스, J.H., 『고대 이스라엘 역사』, 박문재 옮김, 크리스챤다이제스트, 21998).

Hayes, J.H. and Miller, J.M. (ed.), *Israelite & Judaean History* (London, 31990).

Horst, F., *Gottes Recht. Gesammelte Studien im Alten Testament* (ThB 12; München, 1961).

Jeremias, J., *Die Reue Gottes. Aspekte alttestamentlicher Gottesvorstellung* (BSt 65; Neukirchen–Vluyn, 21997).

(= 예레미아스, J., 『하나님의 후회. 구약성서의 하나님 이해』, 채홍식 옮김, 대한기독교서회, 2002).

Kaiser, O., *Einleitung in das Alte Testament* (Gütersloh, 51984).

(= 옷토 카이저, 『구약성서 개론』, 이경숙 옮김, 분도출판사, 1995).

______, *Grundriß der Einleitung in die kanonischen und deuterokanonischen Schriften des Alten Testaments 1 : Die erzählende Werke* (Gütersloh, 1992).

Keel, O., (Hg.), *Die Welt der altorientalischen Bildsymbolik und das Alte Testament. Am Beispiel des Psalmen* (Göttingen,

[5]1996).

Keel, O. and Uehlinger, Ch., *Gods, Goddesses, and Images of God. In Ancient Israel* (Minneapolis, 1998).

Klostermann, A., "Beiträge zur Entstehungsgeschichte des Pentateuch", *ZLThK* 38 (1877), 401–445.

Köhler, L., "Die hebräische Rechtsgemeinde", *Der hebräische Mensch* (Darmstadt, 1976), 143–171.

Lemche, N.P., *Die Vorgeschichte Israels* (BE 1; Stuttgart, 1996)

Liedke, G., *Gestalt und Bezeichnung alttestamentlicher Rechtssätze* (WMANT 39; Neukirchen–Vluyn, 1971).

Otto, E., *Wandel der Rechtsbegründungen in der Gesellschaftgeschichte des antiken Israels. Eine Rechtsgeschichte des Bundesbuches Ex 20,22–23,13* (StudBibl. 3; Leiden, 1988).

______, *Rechtsgeschichte der Redaktion im Kodex ESNUNNA und im 'Bundesbuch'. Eine Redaktionsgeschichtliche und Rechtsvergleichende Studie zu Altbabylonischen und Altisraelitischen Rechtsüberlieferungen* (OBO 85; Göttingen, 1989).

______, "Die Geschichte der Talion im Alten Orient und Israel." In D.R. Daniels, W. Glessmer, and M. Rösel (Hg.), *Ernten, was man sät* FS Klaus Koch (Neukirchen–Vluyn, 1991), 101–130.

______, "Körperverletzung im hethischen und israelitischen Rechts: Rechts – und religionshistorische Aspekte." In B. Janowski (Hg.), *Religionsgeschichtliche Beziehungen zwischen Kleinasien, Nordsyrien und dem Alten Testament* (Göttingen, 1993). 391–425.

_____, *Theologische Ethik des Alten Testaments* (Stuttgart, 1994).

Paul, S.M., *Studies in the Book of the Covenant in the Light of Cuneiform and Biblical Law* (Leiden, 1970).

Redford, D.B., *Egypt, Canaan and Israel in Ancient Times* (Princeton, 1992).

Richardson, M.E.J., *Hammurabi's Law: Text; Translation and Glossary* (London · New York, 2000).

Richter, W., *Recht und Ethos. Versuch eine Ordnung des weisheitlichen Mahnspruches* (StANT 15; München, 1966)

Ringgren, H., *Die Religionen des Alten Orients* (ATD.E Sonderband; Göttingen, 1979).

_____, *Israelite Religion* (Philadelphia, 1966)

Schmid, H.H., *Gerechtigkeit als Weltordnung. Hintergrund und Geschichte des alttestamentlichen Gerechtigkeitsbegriffes* (BHTh 40; Tübingen, 1968)

Schulz, H., *Das Todesrecht im AT. Studien zur Rechtsform der Mot-Jumat-Sätze* (BZAW 114; Berlin, 1969).

Schmökel, H., *Kulturgeschichte des Alten Orient* (Augsburg, 1995).

Schwienhorst-Schönberger, L., *Das Bundesbuch (Ex 20,22-23,33). Studien zur seiner Entstehung und Theologie* (BZAW 188; Berlin, 1990).

Smelik, K.A.D., *Historische Dokumente* (Göttingen, 1987).

Smend, R. and Luz, U., *Gesetz* (Stuttgart, 1981).

de Vaux, R., *Ancient Israel. Its Life and Institutions* (London, 1961; Rep. Grand Rapids, 1997).

Veenhof, K.R., *Geschichte des Alten Orients bis zur Zeit Alexan-*

ders des Grossen (ATD.E 11; Göttingen, 2001).
Weidner, E.F., *AfO* XII (1937), 48–49.
Weinfeld, M., *The Place of the Law in the Religion of Ancient Israel* (VTS Vol. C; Leiden, 2004).
Westbrook, R., *Biblical Law and Cuneiform Law* (Paris, 1988).
de Wette, W.M.L., *Dissertatio critica, qua a prioribus Deuteronomium Pentateuchi libris diversum, alius cuiusdam recentioris auctoris oppus esse monstratur* (Jena, 1805).

김영진, 『율법과 법전』, 한들출판사, 2005.
노세영 · 박종수, 『고대 근동의 역사와 종교』, 대한기독교서회, 2000.
문희석, 『구약성서 배경사』, 대한기독교출판사, 1994.
안성림 · 조철수, 『사람이 없었다 신도 없었다』, 서운관, [3]1997.
엄원식, 『구약성서 배경학』, 침신대출판부, 1995.
_____, 『히브리성서와 고대근동문학의 비교연구』, 한들출판사, 2000.
이용결, 『성서연대표』, 성서와 함께, 2001.
장일선, 『구약성서의 문학』, 대한기독교서회, 1980.
_____, 『구약세계의 문학』, 대한기독교출판사, 1981.
조철수, 『수메르 신화 I』, 서해문집, [2]1997.
_____, 『메소포타미아와 히브리신화』, 도서출판 길, 2000.
채홍식, 『구약성경의 윤리』, 한님성서연구소, 2006.

성경 찾아보기